진화란 무엇인가

우리와 살아 있는 모든 것들은 어떻게 생겨났을까?

훌륭한 나의 아내 셰릴 허버트와 좋은 친구 팻 린스에게 바칩니다.

두 사람의 희생과 지지 덕분에 이 책이 만들어졌습니다.

Original title in English: Evolution: How We and All Living Things Came to Be

Credits
Additional photography by David Patton, Jason Loxton and Julie Roberts
Preliminary line art and 3-D modeling by Jim W.W. Smith
Science Consultant: Dr. Donald Prothero, Lecturer in Geobiology,
California Institute of Technology, and Professor of Geology, Occidental College

Text and Illustrations ⓒ 2010 Daniel Loxton
Based on *Junior Skeptic* material originally published within *Skeptic* magazine—www.skeptic.com
Funding for *Junior Skeptic* "Evolution" material provided by Pat Linse. *Junior Skeptic* created by Pat Linse.
Junior Skeptic "Evolution" illustrations created by Daniel Loxton with Jim W.W. Smith.
Published by permission of Kids Can Press Ltd., Toronto, Ontario, Canada.
All rights reserved. No part of this publication may be reproduced, stored in a retrieval system or transmitted, in any form or by any means, electronic, mechanical photocopying, sound recording, or otherwise, without the prior written permission of Dourei Publication Co.

Korean Translation Copyright ⓒ 2018 by Dourei Publication Co.
Korean edition is published by arrangement with Kids Can Press Ltd. through Imprima Korea Agency.

이 책의 한국어판 저작권은 Imprima Korea Agency를 통해 Kids Can Press Ltd.와 독점계약을 맺은 도서출판 두레가 갖고 있습니다.
저작권법에 의해 한국 내에서 보호를 받는 저작물이므로 무단으로 전재하거나 복제할 수 없습니다.

진화란 무엇인가

우리와 살아 있는 모든 것들은 어떻게 생겨났을까?

대니얼 록스턴 글

대니얼 록스턴 · 짐 W.W. 스미스 그림

김옥진 옮김

두레아이들

차례

1부 진화란 무엇인가요?

과거의 실마리	8
깊고 깊은 시간	10
찰스 다윈의 등장	12
농장 마당에서 나온 실마리	14
다윈의 큰 생각	16
변화는 어떻게 일어나는가?	18
돌연변이+시간=진화	20
큰 변화=새로운 종	22
진화의 수리 공장	24
공통의 문제에 대한 공통의 해결책	26
적자생존?	28
진화의 타협	30
우리는 어떤가요?	32
적당히 좋으면 그걸로 충분해	34

2부 진화에 관한 더 많은 질문들

진화가 일어난다는 것을 어떻게 아나요?	36
진화가 진짜 일어나고 있다면 중간 단계의 이행 화석은 어디 있나요?	38
아프리카 어딘가에 공룡이 아직 살아 있지 않을까요?	40
잠깐만요! 공룡 발자국과 사람 발자국이 같이 발견되지 않았나요?	42
진화는 우리 눈처럼 복잡한 것을 어떻게 만들어 냈을까요?	44
걷는 동물이 어떻게 나는 동물이 될 수 있을까요?	46
진화를 통해 생겨나기에는 생명의 그물이 너무 복잡하지 않나요?	48
사람들은 진화가 생명의 기원을 설명하는 것처럼 말하는데, 사실인가요?	52
종교는요?	52
위풍당당 진화의 힘	53

용어 설명	54

1부
진화란 무엇인가요?

진화는 바로 지구에 사는 생명들의 놀라운 이야기, 수십억 년 동안 진행되어 온 서사시입니다.

오랜 역사에서 대부분의 시간 동안 지구는 여러분이 알아볼 수 없을 정도로 아주 낯선 행성이었습니다. 공룡들이 지배하던 세상 위로 박쥐처럼 생긴 파충류 익룡이 높이 솟아오르던 때도 있었습니다. 그보다도 더 수억 년 전, 바닷속에서는 촉수가 달린 희한한 해양 생물들이 싸움을 벌였지만 땅은 여전히 동식물이 전혀 없는 불모지였습니다. 그보다 훨씬 더 옛날, 30억 년도 넘는 시간 동안 유일한 생물 형태라고는 단순히 세포 하나로 된 것들뿐이었는데, 이들을 보려면 현미경이 필요했을 것입니다.

그 오랜 역사의 모든 순간에도 지구는 놀랄 정도로 서로 다른 여러 생명체들의 고향이었습니다. 생명의 세계는 왜 그렇게 자주, 또 왜 그렇게 많이 변한 걸까요? 이런 변화는 어떻게 일어났을까요?

새로운 종류의 생명체들은 진화라는 과정을 통해 좀 더 오래된 형태의 생물로부터 생겨납니다. 진화는 지구에서 풍부한 생명의 다양성 뒤에 있는 힘으로, 생물학에서 가장 중요한 개념입니다. 티라노사우루스 렉스의 무시무시한 이빨, 장미꽃잎의 섬세한 아름다움을 만들어 낸 과정이 바로 진화입니다. 진화는 새로운 질병을 만들어 내는 원동력입니다. 진화를 이해하면 우리가 그런 질병에 맞서 싸울 때 도움이 됩니다.

약 150년 전 찰스 다윈(1809~1882)이라는 영국인 과학자가 진화의 신비에 대한 답을 밝혀냈습니다. 다윈의 이 놀랍고 획기적인 발견은 다른 과학자들의 연구 덕분에 가능했습니다. 그 과학자들은 지구 생명체의 역사에 대해 중요한 발견을 해냄으로써 길을 닦아 놓았습니다.

과거의 실마리

'다윈의 진화론'의 토대를 세우는 데 도움을 준 돌파구 하나는 한때 지구가 지금은 존재하지 않는 동물들의 고향이었음을 발견한 것이었습니다.

수백 년 동안 사람들은, 모든 생물이 동시에 만들어졌고, 또 이들 모두가 아직도 주변에 살아 있다고 믿었습니다. 그러나 이런 생각은 모두 사실이 아닌 것으로 밝혀졌습니다.

예를 들면, 매머드는 지금의 코끼리처럼 보일 수도 있지만 사실 코끼리가 아닙니다. 1790년대에 과학자 조르주 퀴비에(1769~1832)가 매머드 화석과 오늘날 살아 있는 코끼리를 비교하여 이들이 서로 다르다는 것을 증명해냈습니다.

매머드는 다른 동물들이 아주 오랜 옛날에 살았다는 것을 증명하는 데 도움을 주었습니다.

매머드는 코끼리와 다를 뿐만 아니라 이미 '멸종'되었습니다. 남김없이 모두 죽어서 지구에서 완전히 사라져 버렸습니다.

일부 동물들이 멸종되었다는 생각은, 살아 있는 그 어떤 동물과도 전혀 닮지 않은 희한한 화석이 발견되면서 더욱 확실해졌습니다. 화석을 찾아다니던 화석 사냥꾼 중에 메리 애닝(1799~1847)이라는 영국인 소녀가 있었는데, 1810년 즈음 그가 멸종된 어룡의 완전한 표본을 최초로 발견했습니다. 이 파충류의 몸은 바다에서 살기에 적합한 상어처럼 생긴 유선형이었습니다.

애닝은 또 다른 중요한 화석들도 발견했습니다. 그는 역사상 둘째가라면 서운할 만큼 뛰어난 화석 사냥꾼이었습니다.

화석을 발굴하는 메리 애닝의 모습.

애닝을 비롯해 다른 사람들이 발견한 화석은 사람들에게 정말 큰 충격을 주었습니다. 아주 오랜 옛날, 지구는 지금은 멸종되어 버린 많은 종류의 동물들의 고향이었습니다. 화석은 이처럼 과거에 다른 생물들이 살았다는 확실한 증거입니다.

그러나 얼마나 오래전의 일이었을까요? 지구의 오랜 역사 동안 생명체에 과연 무슨 변화가 일어났던 것일까요?

어룡 화석

어룡은 상어와 같은 형태의 몸으로 진화한 파충류입니다.
어룡은 공룡시대에 1억 5천만 년 동안 바다를 지배했습니다.

깊고 깊은 시간

현대 지질학(지구의 거죽인 지각을 구성하는 암석을 연구하는 학문)이 생겨나면서 진화의 수수께끼를 풀 수 있는 실마리들이 더 많아졌습니다.

1800년대에 지질학자들은 겹겹이 쌓인 암석층이 시간의 기록이라는 것을 알아냈습니다. 암석은 대부분 진흙이 자리 잡아 굳거나 화산에서 흘러나온 용암이 굳으면서 천천히 만들어졌습니다. 진흙이나 용암의 새로운 층이 오래된 층 위에 쌓이기 때문에 겹겹이 층을 이루는 암석 더미는 지구의 과거를 알려 주는 기록입니다. 암석 더미의 아래쪽으로 갈수록 더 오래된 암석입니다.

곧 두 가지가 분명해졌습니다. 첫째, 암석층들이 수 킬로미터나 될 만큼 암석 기록은 매우 두텁습니다. 둘째, 각각의 암석층에는 다른 층에는 없는 화석 무리가 들어 있습니다. 즉, '암석층 하나=한 화석 무리=시대의 한 기간'이죠.

암석층을 연구한 지질학자들은 시간상 옛날로 더 거슬러 올라가면 갈수록 동물들의 모습이 더 낯설다는 것을 발견했습니다. 가장 최근의 암석에 있는 화석은 살아 있는 동물과 아주 비슷해 보였지만, 바닥 쪽 암석층에 들어 있는 화석은 우리가 아는 동물과 닮은 데가 거의 없었죠.

더 오래된 암석에 흔적이 남아 있는 동물들은 거의 모두 멸종되었습니다. 암모나이트(껍질을 가진 해양생물), 공룡, 매머드, 온갖 종류의 희한한 생물들은 모두 없어져 버렸습니다. 더 희한한 사실은 더 옛날로 거슬러 올라가면 갈수록 더 단순한 생명체가 발견되는 것 같다는 점입니다. 이 모든 게 뜻하는 것은 뭘까요?

돌진하는 강의 급류가 그랜드캐니언을 깎아 만드는 데 수백만 년이 걸렸습니다. 그러나 이 협곡이 관통하는 수많은 암석층이 쌓이는 데에는 수억 년이 걸렸습니다.

찰스 다윈의 등장

실마리는 거기 있었지만 그게 무엇을 뜻하는지 알아낸 사람은 아직 없었습니다. 그러던 중 1831년에 찰스 다윈이라는 젊은 영국인이 범선 비글호를 타고 항해를 시작했습니다. 이 항해 이후 다윈은 진화의 수수께끼를 풀 수 있게 됩니다.

의대 중퇴생인 다윈은 자연계를 알고자 하는 열정이 대단한 청년이었습니다. 그는 과학에 관심이 많아 스스로 원해서 비글호를 탔습니다. 비글호는 지구를 돌아다니면서 지도를 만드는 일을 하는 배였습니다. 다윈은 선장과 함께 식사를 하고, 배가 서는 곳에서 동식물 표본을 채집하는 일을 했습니다.

육지와 멀리 떨어진 갈라파고스 제도에 머무는 동안 다윈은 거북과 새들을 수집했습니다. 그는 몇몇 섬에서 표본을 가져왔는데, 나중에 영국에서 어느 새 전문가가 놀라운 점을 발견했습니다. 새들이 서로 달라 보이지만 사실 모두 핀치라는 같은 새였습니다.

다윈은 핀치들이 섬마다 왜 그렇게 다르게 생겼는지 설명해 주는 이론을 만들었습니다. 아주 오래 전, 본 섬의 핀치들이 바람에 실려 다른 섬들로 왔다는 이론이었습니다. 각기 서로 다른 섬에 살게 되면서 새들은 그들이 찾을 수 있는 서로 다른 먹이를 먹기 위해 저마다 다르게 적응하게 되었습니다. 어떤 섬의 핀치들은 딱딱한 씨앗을 깨기에 좋은 큰 부리를 갖게 됐고, 또 다른 섬의 핀치들은 곤충을 잡는 데 좋은 길고 날씬한 부리를 발달시켰으며, 다른 곳의 핀치들은 또 다른 특징을 갖게 되었습니다.

그러나 그게 사실이라면, 다시 말해 한 종(種)이 여러 가지 새로운 종으로 바뀔 수 있다면, 과연 어떻게 그런 일이 일어났을까요?

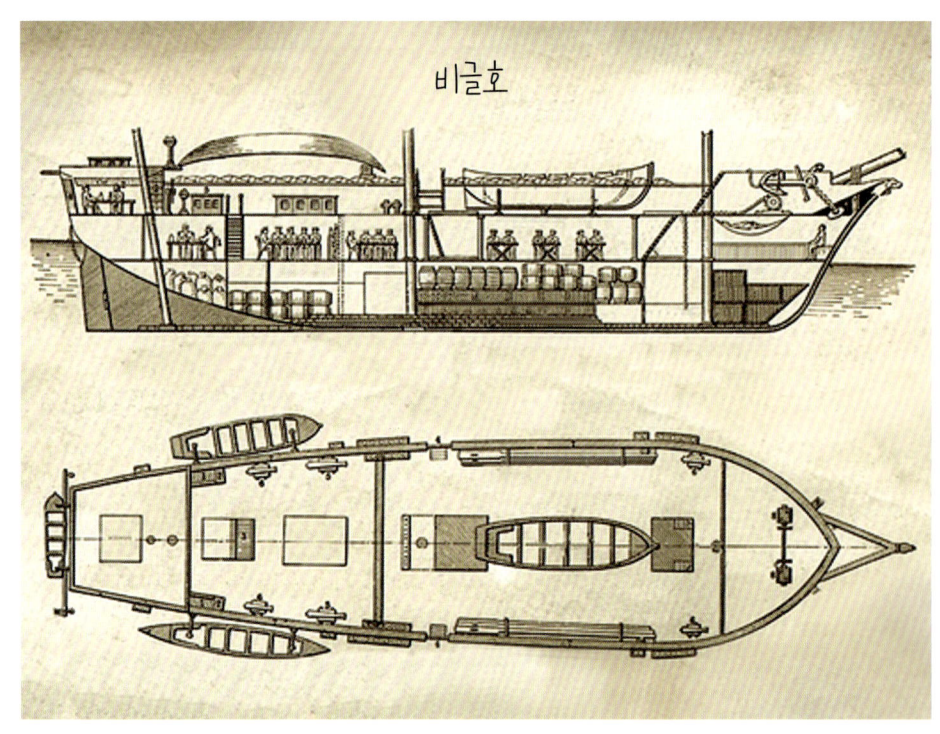

비글호

핀치의 부리는 갈라파고스 제도의 여러 섬에서 찾아낼 수 있는 서로 다른 먹이에 적합하도록 적응되었습니다.

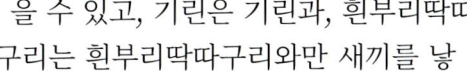

"종이란 정확히 뭔가요?"

종(種)은 살아 있는 것들의 무리로, 이들은 그 무리에서는 서로 생식이 가능하지만 다른 생명체와는 생식을 할 수 없습니다. 코브라는 오직 코브라와만 새끼를 낳을 수 있고, 기린은 기린과, 흰부리딱따구리는 흰부리딱따구리와만 새끼를 낳을 수 있습니다(상어와 푸들 사이에 새끼를 낳게 하려고 시도해 보세요. 가망이 없을 겁니다).

동식물은 대부분 이런 종의 정의가 가장 유용하지만 이런 정의가 들어맞지 않는 생명체도 있습니다. 특히 미생물이 그렇습니다. 이런 생명체 중 어떤 것들은 절대 함께 새끼를 낳지 않습니다. 그 대신 자신이 둘로 쪼개져 번식합니다.

농장 마당에서 나온 실마리

진화적 변화의 수수께끼를 풀기 위해 다윈은 실마리가 전혀 나올 것 같지 않은 곳에서 실마리를 찾았습니다. 바로 농장 마당이었습니다. 다윈이 살던 시대에는 비둘기를 기르는 것이 인기 있는 취미였습니다. 특수 품종이 많았는데, 각각의 품종은 전의 품종보다 모습이 더 특이했습니다. 비둘기들이 가슴에 희한한 공기 주머니가 있거나, 작은 공작새처럼 꼬리가 부채모양이거나, 발이 깃털로 뒤덮이게끔 교배시켰습니다. 교배를 통해 행동, 색상, 무늬, 부리, 형태, 크기 등이 매우 다양해졌습니다.

다윈은 이렇게 엄청난 다양성이 야생 비둘기 단 한 종의 교배에서 비롯된 것이라는 사실을 깨달았습니다. 사육사들은 자신의 비둘기에서 특이한 점을 찾아내려 했고, 원하는 특징을 가진 새들이 새끼를 더 많이 낳게끔 했습니다. 그들은 발에 깃털이 수북하거나, 꼬리가 가장 크거나, 아니면 그게 무엇이 되었든 자신들이 좋아하는 형질(변이)을 가진 비둘기를 골라 교배시켰습니다.

많은 세대를 거듭하며 사람들은 특정 형질을 고르는 실험을 계속했는데, 이것이 결국 새로운 품종 개량으로 이어졌습니다. 다윈은 이런 선택 과정을 통해 농장 마당에서 날마다 진화가 일어나고 있는 것을 보았습니다.

모든 가축이 지금과 같은 형태로 진화한 것은 사람들이 자신들에게 가장 유용한 형질을 선택했고, 또 오늘날에도 계속 그렇게 하고 있기 때문입니다. 오늘날 젖소는 젖을 더 많이 생산하고, 돼지는 고기를 더 많이 만들도록 교배되었습니다. 지금의 양은 그들의 야생 조상과 닮은 점이 거의 없습니다. 농작물도 아주 다른 야생 조상에서 번식되었는데, 쌀, 귀리, 밀 같은 곡물은 모두 풀이 변화되어 만들어진 것들입니다.

'선택 과정이 농장에서 일어난다면 야생에서도 자연스럽게 일어나지 않을까'라고 다윈은 생각했습니다.

선택에 대한 자신의 생각을 시험해 보는 방법의 하나로 다윈은 여러 해 동안 비둘기를 사육하며 연구했습니다.

비둘기 품종 개량, 속도를 내다

이 두 마리의 야생 비둘기를 교배해서 얻게 될 비둘기는 아마도……

발에 깃털이 났을 겁니다. 이 비둘기를 발에 깃털이 난 또 다른 비둘기와 교배시켜 얻게 될 비둘기는 아마도……

발에 깃털이 엄청나게 많을 겁니다. 시간이 지나고 여러 세대가 지나면 이 형질은 계속 반복해서 강화될 것입니다.

개체군 수수께끼

다윈은 아주 중요한 점을 깨달았습니다. 야생에서 생물은 살아남을 수 있는 것보다 새끼를 훨씬 더 많이 낳습니다. 예를 들면, 어떤 식물은 씨앗을 수백만 개나 만드는데, 이는 자신들을 대체하는 데 필요한 수보다 훨씬 더 많습니다. 코끼리처럼 천천히 번식하는 동물도 새끼를 너무 많이 낳습니다. 이 새끼들이 모두 다 살아남는다면 우리 행성은 미어터질 것입니다.

우리에게는 다행히도 그런 일은 일어나지 않습니다. 개체군은 포식자, 먹이, 기후 등과 같은 요인들에 의해서 제한되거든요. 다윈은 모든 생물들은 살아남기 위해 힘들게 싸워야 한다는 것을 알았습니다. 그래서 그는 왜 어떤 것들은 이 싸움에서 살아남고 어떤 것들은 살아남지 못하는지 궁금했습니다. 어떤 생물이 다른 생물보다 더 잘 살아남게 하는 것은 무엇일까요?

이 질문이 바로 다윈의 돌파구가 되었습니다. 그리고 그가 내놓은 답은 과학의 얼굴을 영원히 바꿔 놓았습니다.

암수 토끼를 가지고 시작해 보세요. 이제 곧 토끼로 넘쳐나게 될 겁니다.

다윈의 큰 생각

마침내 다윈은 모든 조각들을 한데 모았습니다. 그는 '자연은 어떻게 새로운 생물 종을 만들어 내는가'라는 궁극적인 과학의 수수께끼를 풀었습니다.

다윈은 야생에서 가끔 새로운 형질이 불쑥 튀어나온다는 것을 알았습니다. 이런 변이 중 어떤 것들은 살아남기 위한 투쟁에 도움이 되었지만, 어떤 것들은 생존을 더욱 어렵게 만들었습니다.

자연 변이가 동식물에 이점을 준다면 그 동물이나 식물은 살아남아 자손을 남길 가능성이 더 높아질 것입니다. 그리고 다윈이 비둘기 교배를 통해 알았던 것처럼, 그런 개체들은 자신의 유익한 형질을 자손에게도 전해 줄 것입니다. 이는 다음 세대도 생존을 건 싸움에서 유리해진다는 것을 뜻합니다. 또한 많은 세대가 지나면서 유익한 변이들이 더 보태질 수 있을 것입니다.

이해했나요? 다시 한번 살펴볼까요. 이점을 주는 형질을 갖고 태어난 개체들은 살아남아 새끼를 낳을 가능성이 더 높습니다. 반면 나쁜 변이를 안고 태어난 개체들은 불리할 것이고, 살아남아 새끼를 낳을 가능성이 떨어진다고 다윈은 썼습니다. 그런 다음 다윈은 자신의 이론을 다음과 같이 요약했습니다. "이렇게 이로운 변이는 보존하고 해로운 변이는 받아들이지 않는 것을 나는 자연선택이라고 부른다."

바로 그것이 다윈의 '큰 생각'이었습니다. 아주 간단해서 티셔츠에 박아 놓을 수도 있을 정도입니다. 간략히 말하면 다윈의 자연선택이론은 다음과 같습니다.

1. 모든 생물은 살아남아 생식하려 애쓰지만 많은 생물이 실패한다.
2. 우연히 이로운 형질을 갖고 태어난 생물의 생식 가능성이 가장 높다.
3. 부모는 자신의 이로운 형질을 자손에게 전해 준다.

이제 여기서부터 필요한 것은 시간뿐입니다!

이 공룡은 부모와 조상들로부터 커다란 몸과 긴 목을 물려받았습니다. 이 유익한 형질은 이 동물에게 생존을 건 싸움에서 우위를 안겨 주었습니다.

주의할 점

이 책에서 여러분은 진화가 이런저런 일을 어떻게 하는지 읽게 될 것입니다. 그러나 사실 진화는 아무 일도 "하지" 않습니다. 진화는 일들이 일어나는 과정입니다. 진화가 이런저런 일을 한다고 말하는 것은 그저 빠른 이해를 돕는 하나의 지름길, 즉 이 세계의 일들을 우리에게 익숙한 인간의 행동과 비교하는 하나의 방법입니다. 진화의 뒤에서 어떤 일을 조종하는 그런 지능, 즉 그런 뇌는 없습니다. 진화는 마치 날씨처럼 자연스럽고도 아무 생각 없이 그냥 일어나는 과정입니다.

위대한 지성들, 비슷하게 생각하다

다윈은 자신의 진화론이 논란을 일으키리라는 것을 알았습니다. 어떤 사람들은 새로운 종이 오래된 종으로부터 나온다는 생각을 믿기 어려울 것입니다. 또 다른 사람들은 자연선택이 다양성을 설명하기에는 너무 단순한 생각이라고 생각할 것입니다. 결정적으로 어떤 이들은 종교적인 이유에서 다윈의 이론을 싫어할 것입니다—그들은 자연이 아니라 어떤 최고의 존재가 다양한 동식물을 창조했다고 믿으니까요. 다윈은 오랫동안 비밀리에 연구를 계속했습니다.

그러던 중 우연찮게 다른 영국인 박물학자가 혼자서 자연선택을 발견하게 됩니다. 젊은 학자 알프레드 러셀 월리스 (1823~1913)가 외딴 섬에 멀리 떨어져 사는 동물들 사이에서 다윈이 수 년 전 발견했던 것과 똑같은 연관성을 알게 된 것입니다.

1858년, 그들의 생각은 권위 있는 과학 단체에 함께 소개되었고, 두 사람은 그런 사실을 발견한 공로를 함께 인정받았습니다.

변화는 어떻게 일어나는가?

다윈은 동식물이 그들의 생존 가능성을 더 높이거나 낮추는 형질을 갖고 있다는 것을 알아냈습니다. 그는 부모가 자신의 형질을 자손에게 전해 줄 수 있다는 것도 알았습니다. 그러나 새로운 형질은 어떻게 생겨날까요? 그리고 형질은 어떻게 다음 세대에 전해질까요? 지금으로부터 150여 년 전, 다윈이 살던 당시 사람들은 그저 추측만 할 뿐이었습니다. 오늘날 우리는 모든 것이 다 유전자에 있다는 사실을 알고 있지만요.

살아 있는 모든 것(여러분을 포함해서)의 모든 세포 안에는 디엔에이(DNA)라는 길고 복잡한 고리처럼 생긴 물질이 있습니다. DNA 속에는 생물을 자라게 하는 화학적으로 암호화된 지시사항이 들어 있는데, 이것을 '유전자'라고 부릅니다. 여러분의 유전자는 여러분이 어떤 형질을 갖게끔 세포가 분열하도록 지시를 내립니다. 예를 들면, 여러분은 곱슬머리나 곧은 머리, 푸른 눈이나 갈색 눈 등의 유전자를 갖고 있을 수 있는데, 이런 것들은 여러분을 지금의 모습으로 만드는 특성들입니다.

많은 이들이 이 유전 암호를 청사진과 같은 것으로 묘사합니다. 어쨌든 DNA에는 무언가를 만드는 지시사항이 들어 있습니다. 그러나 생물학자 리처드 도킨스는 DNA가 요리법에 좀 더 가깝다고 생각합니다. 청사진은 어떤 것을 묘사하지만 요리법은 어떤 것을 만드는 과정을 묘사합니다. 케이크 요리법처럼 DNA는 성장 과정에 대한 일련의 지시사항입니다. 그 지시사항들을 따른다면 세포는 나뉘고 또 나뉘어 결국에는 식물이나 동물, 또는 다른 어떤 생물로 자랄 수 있습니다. 청사진과 요리법의 이런 차이는 진화를 이해하는 데 중요합니다. 만약 생물이 청사진을 갖고 있다면 유기체 전체에 큰 영향을 주지 않고도 어떤 한 부분이 옮겨지거나 다시 설계되거나 대체될 수 있을 것입니다. 그러나 요리법을 잘못 읽어 뜻하지 않게 요리 시간을 다르게 했거나 설탕 대신 소금을 넣었다고 가정해 보세요. 케이크 전체가 달라질 겁니다.

그래서 DNA는 생물을 성장시키는 요리법에 훨씬 더 가깝습니다. 그리고 이런 유전적 지시사항에 돌연변이라는 실수가 있을 때 변화가 일어납니다.

우리는 모두 다 돌연변이체

여러분은 돌연변이의 결과입니다. 다른 생물들도 모두 다 마찬가지입니다.

돌연변이는 생물을 만들어 내는 유전적 지시사항에 일어난 우연하고도 영원한 변화입니다. 돌연변이는 무작위적으로 일어나는 변화이기 때문에 해로운 영향을 미칠 수도 있고 유익한 영향을 줄 수도 있습니다. 예를 들면, 어떤 여자들은 유방암에 걸릴 가능성을 훨씬 높게 만드는 돌연변이를 갖고 있습니다. 또 어떤 이들은 눈을 멀게 할 수도 있는 회선사상충증 같은 병으로부터 보호해 주는 돌연변이를 갖고 있습니다.

돌연변이는 그 영향이 클 수도 있고 작을 수도 있으며, 아예 감지할 수 없을 정도일 수도 있습니다. 모든 것은 어떤 DNA 지시사항이 변하는지, 그리고 얼마나 큰 변화인지에 달려 있습니다.

어떤 유전적 지시사항은 매우 중요해서 그 어떤 변화라도 나쁠 수 있습니다. 예를 들면, 모든 동물은 눈을 만들어 내는 '마스터 유전자'를 공유하고 있습니다. 이 유전자에 변화가 생기면 기형의 눈이 만들어지거나 아예 눈이 만들어지지 않습니다.

유전적 지시사항은 섬세하게 균형을 이루고 있어서 갑작스럽고 큰 변화는 문제를 일으킬 가능성이 있습니다. 반면, 작은 돌연변이는 중립적일(해가 되지 않을) 가능성이 꽤 있으며, 심지어 유익할 수도 있습니다. 이를테면 많은 사람들이 푸른 눈을 갖게 해 주는 무해한 돌연변이를 갖고 있고, 소수의 운 좋은 사람들은 후천성면역결핍증을 일으키는 바이러스에 대한 면역성이 있는 돌연변이를 갖고 있습니다.

돌연변이는 작으면 작을수록 더 좋습니다. 그러나 시간이 지나면서 수많은 작은 변화가 합쳐져 차이가 더 커질 수 있습니다.

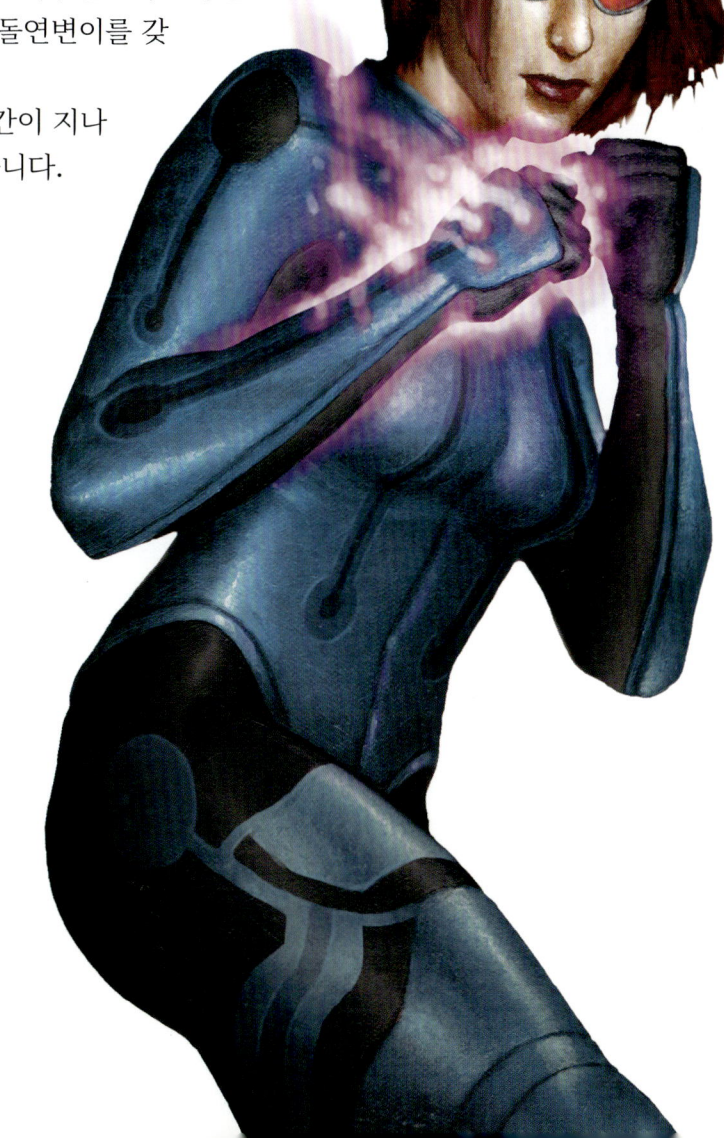

영화에서 '돌연변이체'는 슈퍼맨 같은 신체 부위와 능력 또는 엄청나게 나쁜 성격과 외모를 갖고 있기도 합니다. 이런 환상적인 과장은 실제 생물학 개념인 '돌연변이', 즉 무작위 유전 변화에서 영감을 받았습니다.

돌연변이+시간=진화

'전화' 놀이를 해 본 적이 있나요? 한 사람이 옆 사람에게 문장 하나를 속삭이고, 또 그 사람이 다음 사람에게 같은 문장을 속삭이죠. 문장이 옮겨지면서 슬그머니 변화가 생깁니다. 대개 각각의 변화는 작습니다. 이를테면 우연히 단어 하나가 다른 단어로 바뀌는 것처럼요. 그러나 그런 변화가 전하려는 메시지의 일부분이 되기 때문에 변화는 점점 더 보태지게 됩니다. 놀이 참가자가 많으면 많을수록 변화는 더 많이 끼어듭니다. 마지막 사람이 문장을 크게 말할 즈음이면 원래 문장과 전혀 다른 내용으로 변해 있기 일쑤입니다.

　DNA '메시지'의 경우도 마찬가지입니다. 생물의 여러 세대를 거치며 전해진 작은 돌연변이가 시간이 지나면서 큰 변화를 낳을 수 있습니다.

　진화에는 시간이 걸립니다. 진화의 이야기는 수십억 년에 걸쳐 펼쳐졌습니다. 진화는 천…천…히 일어납니다. 새로운 동물 종이 진화하는 데에는 대개 수천 년, 어떤 때에는 수백만 년이 걸립니다.

진화가 일어나는 것을 우리 눈으로 볼 수 있는 건가요?

그럼요. 한창 진행 중인 진화를 가끔은 우리 눈으로도 볼 수 있습니다. 영국 여러 곳에서 발견되는 회색가지나방을 예로 들어 볼까요? 이 곤충은 대부분 밝은 색에 후추같이 생긴 어두운 점들이 박혀 있는데, 몸 전체가 다 어두운 색인 나방은 아주 드물었습니다. 흔했던 후추 무늬는, 나방이 쉬기 좋아하는 밝은 색 나무껍질과 나무에 낀 이끼를 배경으로 위장하는 데 아주 좋았습니다. 덜 흔했던 어두운 색 나방은 새들 눈에 띄어 잡아먹히기가 훨씬 더 쉬웠습니다.

1700년대 후반 산업혁명이 시작할 때까지만 해도 그랬습니다. 사람들이 새 공장을 가동시키려고 석탄을 더 많이 사용하자 석탄 연기가 시골 지역까지 퍼졌습니다. 그것은 밝은 색의 이끼를 죽게 만들었고, 나무는 그을음으로 시커멓게 되었습니다. 나방의 서식지가 시커멓게 되자 밝은 후추 무늬는 좋은 위장이 되지 못했습니다. 이제 후추 무늬의 나방은 어두운 색 나방보다 더 도드라지게 되었고, 배고픈 새들의 손쉬운 먹잇감이 되었습니다.

갑자기 어두운 색 나방의 생존과 번식 가능성이 더 좋아졌습니다. 어두운 색은 더 이상 문제가 되지 않았고 오히려 이점이 되었고, 이런 이점이 새로운 세대로 전해졌습니다.

백 년 안에 거의 모든 나방은 어두운 색을 띠게 되었습니다. 환경의 변화가 나방에게 물리적 적응을 일으킨 것입니다. 이게 바로 지금 일어나고 있는 자연선택이고 진화입니다!

이런 점박이 무늬의 나방은 매우 흔했습니다. 위장을 더 잘할 수 있기 때문이었죠.

석탄 공해가 환경을 바꿔 놓기 전까지는 그랬습니다. 그러다가 전에는 드물었던 좀 더 어두운 색의 나방이 이점을 갖게 되었고, 곧 이런 나방이 가장 흔한 종류가 되었습니다.

큰 변화=새로운 종

시간이 지나면서 작은 돌연변이들이 동식물에 큰 변화를 가져올 수 있습니다. 그 변화가 너무 커서 하나의 종이 심지어 두 개의 종으로 나뉠 수도 있습니다.

어떻게 그런 일이 일어날까요? 얼룩말과 비슷한 동물 종("주크"라고 부르기로 해요)이 어떤 골짜기에 살고 있다고 상상해 보세요. 건강한 수컷과 암컷 주크는 같은 종의 일원이고, 그래서 유전적으로 문제없이 서로 화합할 수 있기 때문에 새끼를 낳을 수 있습니다.

하지만 어떤 주크들이 다른 곳과는 격리된 근처 골짜기로 옮겨 간다면 어떻게 될까요? 그곳에는 원래 골짜기의 달콤한 풀 대신 거친 관목들이 자라고 있었습니다. 여러 세대가 지나면서 두 개체군은 서로 다른 자연선택 압력을 받게 됩니다. 예를 들면, 원래 골짜기에서는 풀을 소화하는 능력이 큰 이점인 반면, 다른 골짜기에서는 거친 관목을 씹는 능력이 더 유용할 것입니다. 수많은 세대가 지나면서 두 골짜기의 주크들에게 유전적 차이가 쌓이기 시작할 것입니다.

이제 몇 세대에 한 번씩은 주크 한 마리가 길을 헤매고 돌아다니다 한쪽 골짜기에서 다른 쪽 골짜기로 가게 된다고 상상해 보세요. 그렇게 헤맨 주크들은 많은 세대 동안 그래도 여전히 손쉽게 짝을 찾을 수 있습니다. 양쪽 골짜기의 주크들이 같은 종이기 때문이죠.

같은 종의 일원들은 건강한 새끼를 함께 낳을 수 있습니다. 그들의 유전 암호가 비슷하고 문제없이 서로 화합할 수 있기 때문입니다.

어떤 종이 서로 다른 무리로 나뉘어 떨어져 있게 되면, 이들 무리는 결국 아주 많은 유전적 변화가 쌓여 함께 건강한 새끼를 낳는 것이 불가능하게 됩니다.

그러나 여러 세대가 지나가면서 유전적 차이가 쌓이면 새로운 장애가 나타나 양쪽 골짜기의 주크들이 만나 건강한 새끼를 함께 낳는 것이 더 어려워지기 시작합니다. 예를 들면, 한쪽 골짜기의 주크들은 그 골짜기 출신 주크들에게만 매력적으로 보이는 독특하고 새로운 짝짓기 춤이나 새로운 색을 발달시킬 수도 있습니다.

더욱 중요한 것은 두 골짜기의 주크들 사이에 유전적 차이가 점점 더 커져 서로 교배할 수 있는 가능성이 더 떨어진다는 점입니다. 처음에는 작은 유전적 차이가 희귀한 선천적 기형으로, 또는 처음부터 낮은 임신 가능성으로 이어질 수 있습니다. 많은 세대가 지난 뒤에는 더 큰 유전적 차이가 아예 임신 자체를 불가능하게 만들 수 있습니다. 또는 교배에서 나온 새끼가 새끼를 낳을 수 없는 불임일 수도 있습니다.

한쪽 골짜기의 주크가 다른 골짜기의 주크와 짝을 짓고 새끼를 낳는 것이 실질적으로 불가능해진다면 그들은 서로 구분되는 두 개의 종으로 진화된 것입니다.

"그런데 새로운 종으로 진화되는 것을 우리가 실제로 본 적이 있나요?"

그럼요. 우리는 야생과 실험실 모두에서 새로운 종으로 진화되는 것을 직접 봤습니다. 어느 유명한 실험실 실험에서 과학자들이 초파리를 두 집단으로 나누고 각각의 집단에 서로 다른 종류의 먹이를 줬습니다. 많은 세대가 지나면서 초파리들은 두 종류의 먹이에 적응했습니다. 그때 과학자들은 두 집단의 초파리들을 서로 다른 쪽에 집어넣었습니다. 그러자 각 집단의 초파리들은 같은 집단의 초파리들하고만 교배를 했습니다. 하나의 종이 두 개가 된 것이죠.

영국 런던에 지하철이 생긴 1880년대에 야생에서도 비슷한 일이 일어났습니다. 지표면의 모기들이 따뜻한 지하터널 안 아래쪽에 번식 군집을 만들었습니다. 이 지하의 모기들은 새로운 먹이 공급원을 찾았고, 오늘날 지표면의 모기들과는 더 이상 함께 새끼를 낳지 않습니다. 뚜렷이 구분되는 두 개의 종으로 분리된 것입니다.

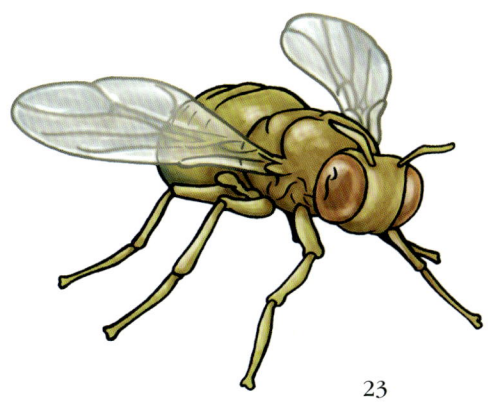

초파리는 실험실에서 진화를 연구하기에 매우 좋습니다. 아주 빠르고 쉽게 번식하기 때문이죠. 그래서 과학자들이 많은 초파리 집단을 많은 세대에 걸쳐 번식시키고 비교할 수 있게 해 줍니다.

진화의 수리 공장

개조차 애호가들은 오래된 차를 새롭게 고쳐 만드는 것을 좋아합니다. 그들은 구형 자동차를 구해서 고치고 페인트칠을 새로 하고 자신이 원하는 대로 바꿔 새로운 차로 변신시킵니다.

진화 과정도 이와 비슷합니다. 자연은 돌연변이와 자연선택을 통해 오래된 생명체를 '땜질해서' 새로운 생명체로 만들어 냅니다. 핵심 개념은 '땜질하다'입니다. 무언가를 조금씩 개선해 나가는 거죠. 새로운 종이 진화할 때 그것은 이미 있는 것을 기반으로 이루어집니다. 지나간 진화의 변화들이 쌓이고 쌓인 것이죠.

개조차를 만드는 사람들은 차를 들어 올릴 수도 있고, 떨어뜨릴 수도 있고, 지붕을 잘라낼 수도 있으며, 창에 색을 입힐 수도 있고, 새로운 페인트를 쓱쓱 바를 수도 있습니다. 그들이 손대기 시작한 차를 개선하기 위해 생각한 것이라면 그 어떤 것도 할 수 있습니다. 그러나 애초에 아무것도 없는데 무언가를 시작하지는 않습니다. 그들은 100년 된 자동차 디자인에서 물려받은 기본 계획을 가지고 시작합니다.

진화에 따른 변화도 이미 갖고 있던 것을 기반으로 이루어집니다. 수억 년 전 모든 생명은 매우 일반적이고 단순했습니다. 그래서 급격하고 희한하고 새로운 온갖 생명체 종류가 서로 다른 수많은 방향으로 진화했다는 것을 우리는 알고 있습니다. 생명은 바로 이런 식으로 주요 가지(예를 들면, 균류, 식물, 동물)로 쪼개졌습니다.

시간이 흐르면서 생명의 가지들은 더 특수화되고 정교화되었으며, 중요한 디자인 요소는 어느 정도 '고정'되었습니다.

자동차 바퀴를 생각해 볼까요. 차를 개조하는 사람은 두툼하거나 날렵한 타이어로 바꿔 낄 수도 있고, 바퀴 테두리를 바꿀 수도 있습니다. 하지만 자동차의 바퀴는 여전히 네 개일 것입니다. 이미 오래전에 자동차 설계자들이 네 바퀴의 디자인으로 결정했기 때문이죠. 바퀴가 세 개나 여섯 개 달린 완벽하게 훌륭한 차를 만들어 내는 것은 가능합니다. 하지만 일반적인 사륜(네 바퀴)차를 부분적으로 바꾸려고 하기보다는 아예 처음부터 다시 시작하는 게 더 나을 겁니다. 그렇게 하기 위해서는 틀부터 시작해서 차의 모든 세부적인 것들을 완전히 다시 만들어야 할 것입니다.

생물의 경우도 상당히 비슷합니다. 다리를 예로 들어 볼까요. 지렁이, 불가사리, 지네가 보여 주듯 다리 수가 몇이 되더라도, 아니 다리가 아예 없어도 완벽하게 훌륭한 동물을 만들어 낼 수 있습니다. 그러나 지금의 수많은 육상동물들은 예전부터, 즉 그들의 어류 조상들이 마른 땅에 처음 등장한 그 옛날부터 다리 네 개짜리 설계로 고정되었습니다[새와 박쥐, 인간 들은 변형된 앞다리를 가지고 있는데, 우리는 그것을 '날개' 또는 '팔'이라고 부릅니다. 어쨌든 우리 모두 여전히 사지(팔다리 네 개)를 가지고 있습니다].

다리가 네 개라는 계획은 진화를 통해 바뀔 수 있습니다(뱀의 경우에 그랬습니다). 그러나 입증된 기본 계획은 일단 확립되면 고착되는 경향이 있습니다. 진화는 대부분 그저 생물을 땜질할 뿐입니다. 자연선택 과정을 통해 말은 발가락 다섯 개에서 한 개로 진화했는데, 이는 말을 훨씬 더 크고 빠르고 강하게 만들었습니다. 그러나 현재 말의 다리는 선조들이 그랬던 것처럼 여전히 네 개입니다. 일반적으로, 새로운 종은 급격하게 재설계된 것이 아니라 그저 최신판으로 고쳐진 것일 뿐입니다. 공통의 선조들로부터 물려받은 공통적인 몸의 기본형식(체제)을 둘러싼 작거나 중간 정도의 수많은 변화인 이런 땜질 효과가 바로 지금 가동되고 있는 진화의 수리 공장입니다.

어떤 뼈대들은 왜 그렇게 비슷한가요?

포유류, 파충류, 조류, 양서류는 크기, 형태, 색깔이 다 다르지만 뼈대는 같은 방식으로 한데 조립되었습니다. 이들 모두 앞쪽에 머리, 뒤에 꼬리, 팔다리 네 개, 눈구멍과 턱이 있는 두개골, 유연한 척추, 장기를 보호하는 갈비뼈 등이 있습니다.

이들이 비슷한 이유는 포유류, 파충류, 조류, 양서류 모두 아주아주 오래전에 살았던 공통의 조상으로부터 하나의 기본적인 몸의 형식을 물려받았기 때문입니다. 진화는 그런 몸의 기본형식을 여러 번 땜질하여 생쥐, 벌새, 코끼리만큼이나 서로 다른 동물들을 만들어 냈습니다. 벌새의 날개 뼈도 육상동물의 다리뼈를 수정한 것에 불과합니다.

이 뼈대는 거의 모든 포유류의 것일 수도 있습니다. 고양이 뼈대와 아주 비슷해 보이며 양의 뼈대와도 많이 다르지 않습니다. 심지어 기어가는 인간과도 비슷해 보입니다. 같은 위치에 같은 뼈가 있습니다. 그러나 사실 이것은 늑대의 뼈대입니다.

공통의 문제에 대한 공통의 해결책

아래 그림 속 익룡이 마치 박쥐나 새 같아 보이지 않나요? 하지만 이 익룡은 8천만 년 전에 살았던 동물입니다. 박쥐나 새보다 훨씬 오래전에 살았죠. 그렇다면 그렇게 아주 다른 동물들의 기본 체형과 날개가 똑같이 발달했을까요?

때때로 유사성은 포식자들을 겁주어 달아나게 하기 위해 진화된 방어용 위장수단이기도 합니다. 어떤 동물이 사납고, 맛이 안 좋고, 또는 독을 가진 다른 어떤 동물과 비슷하게 보일 수도 있습니다. 예를 들면, 해롭지 않은 나방과 파리가, 따끔거리게 쏘아 대는 말벌과 거의 똑같이 생긴 경우도 있습니다.

그러나 박쥐와 새가 멸종된 익룡을 모방하는 것은 아닙니다. 그들이 서로 비슷한 것은 '수렴 진화'—생물들이 환경에서 비슷한 도전을 받고, 이에 대한 반응으로 비슷한 특징을 진화시키는 경향—의 결과입니다. 새, 박쥐, 익룡은 비슷하게 생긴 몸을 갖게끔 각각 독립적으로 진화했는데, 그 이유는 단지 날개가 한 쌍인 체형이 날아다니기에 좋은 디자인이었기 때문입니다. 진화는 다른 디자인(날개가 네 개이고, 활공하는 작은 공룡들을 포함해서)도 만들어 냈지만, 날개가 두 개인 새와 같은 형태가 가장 효율적입니다. 비행기 설계자들이 이런 형태를 택했던 것도 바로 그 이유 때문입니다.

익룡(날아다니던 선사 시대 파충류)의 몸의 기본 형식은 새나 박쥐와 매우 비슷합니다. 그러나 날아다니는 이 세 동물은 모두 날지 않는 조상으로부터 독립적으로 진화했습니다.

자연에서 해내야 하는 모든 일에는 어떤 디자인이 다른 디자인보다 더 효율적이기 마련이고, 효율적인 디자인이 자연선택에서 선호되는 경향이 있습니다. 물속에서 빨리 가는 데 가장 좋은 디자인은 유선형입니다. 상어와 다랑어 같은 포식자 어류가 유선형으로 생긴 이유는 바로 그 때문입니다. 육상동물의 후손인 돌고래(그래서 돌고래는 아가미 대신 폐를 가지고 있습니다)조차도 유선형으로 진화했습니다. 똑같은 일이 공룡시대에도 일어났는데, 마른 땅에서 온 파충류가 바다의 삶에 맞게 적응하며 진화했습니다. 그 옛날에 어룡도 유선형 체형으로 진화했습니다. 그런 유선형 모양은 헤엄치는 포식자들에게 가장 잘 들어맞습니다.

반복되면서 하나의 모습으로 닮아가는 이런 디자인 유형은 자연에서 흔합니다. 몇몇 포유류 그룹은 개미를 잡기 위해 똑같은 특징을 독립적으로 발달시켰습니다. 그것은 바로 길고 끈끈한 혀입니다. '검치'(위 송곳니가 칼처럼 휜) 포식자들은 지구의 기나긴 진화사에서 네 번 등장했는데, 길고 휜 칼처럼 생긴 앞니가 대형 먹이동물의 살을 깊숙하게 파고 들어가 자르는 데 매우 좋기 때문입니다.

세부적인 것은 다를 수도 있습니다. 새, 박쥐, 익룡 들은 비슷한 모양의 날개를 갖게끔 진화했지만 각각의 날개는 서로 다른 다리뼈들을 써서 작동합니다. 하지만 날아다니는 이런 동물들은 모두 전체적으로 비슷한 체형으로 진화했습니다. 그게 효과가 아주 좋기 때문이죠.

돌고래, 상어, 어룡이 가진 몸의 기본 형식은 대단히 효율적인 한 가지 형태로 비슷해집니다(수렴). 인간 기술자들도 그것과 똑같은 형태를 모방해서 잠수함을 만들었습니다.

지금은 멸종된 호주 태즈메이니아 주머니늑대(오른쪽)는 야생 개(왼쪽)와 거의 똑같은 몸의 기본 형식과 두개골 구조를 갖게끔 진화되었습니다. 그러나 태즈메이니아 주머니늑대는 캥거루처럼 새끼주머니(육아낭)를 가진 유대목 동물이었습니다.

적자생존?

진화를 한마디로 잘 요약해 주는 말은 아마도 '적자생존(적응을 가장 잘하는 자가 살아남는다)'일 것입니다. 찰스 다윈은 누군가 한 말을 빌려 썼는데, 자신이 자연선택에 대해 설명하려 한 것을 아주 잘 표현하고 있기 때문이었습니다.

돌연변이는 이로울 수도 있고 해로울 수도 있지만, 해로운 돌연변이를 가진 생물이 그런 유전자를 물려줄 가능성은 낮습니다. 그 자손의 생존 및 생식 가능성이 낮기 때문이죠. 이로운 돌연변이를 가진 생물은 살아남아 생식 가능한 자손을 낳을 가능성이 더 높으므로 이로운 돌연변이는 다음 세대에 전해지는 경향이 있습니다. 이런 식으로 '적자'인 동물(자연적 우위가 가장 큰 동물)은 살아남아 자신의 좋은 유전자를 전해 줄 가능성이 매우 높습니다.

아주 간단하죠. 하지만 정말 그렇게 간단할까요?

사실 생물은 사는 곳과 먹이 등등에 일반적으로 잘 적응합니다. 박쥐의 음파탐지 능력처럼 어떤 진화 형질은 매우 놀랍고 복잡해서 마치 진화가 무언가를 할 수 있는 것처럼 보이는 것도 사실입니다. 그러나 그렇지 않습니다.

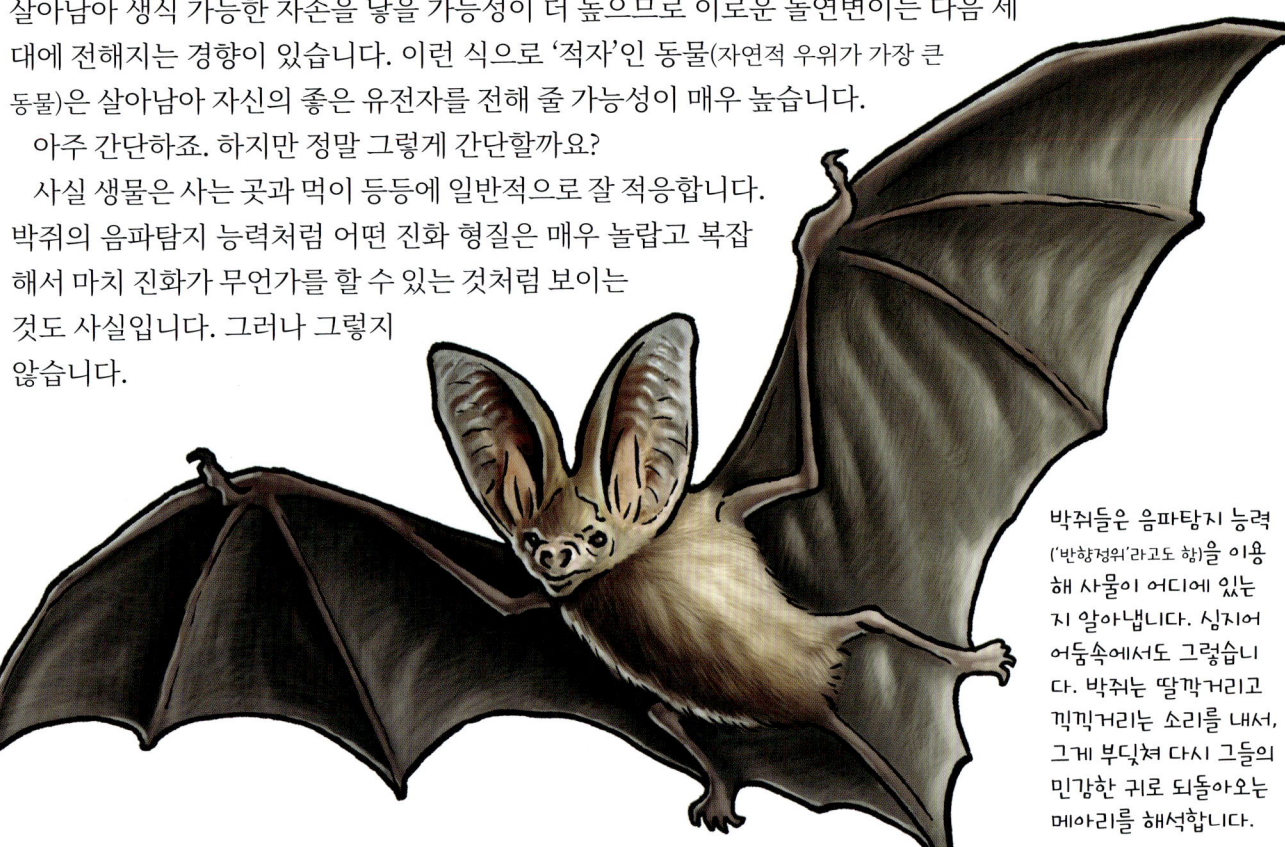

박쥐들은 음파탐지 능력 ('반향정위'라고도 함)을 이용해 사물이 어디에 있는지 알아냅니다. 심지어 어둠속에서도 그렇습니다. 박쥐는 딸깍거리고 끽끽거리는 소리를 내서, 그게 부딪쳐 다시 그들의 민감한 귀로 되돌아오는 메아리를 해석합니다.

진화의 한계

진화는 자연에서 강력한 힘이지만 진화에도 한계는 있습니다.

먼저, 진화는 먹고 마실 필요가 없는 동물, 또는 어딘가로부터 에너지를 얻을 필요가 없는 동물처럼 불가능한 것을 만들어 내지는 못합니다. 물리학과 공학의 균형은 또 다른 한계를 안겨 줍니다. 이를테면 방호용 외피나 껍질을 가진 동물은 더 강하고 더 두꺼운 껍질을 발달시킬 수도 있으나 결국 더 이상의 방호 기관은 성장에 너무 무겁거나 너무 많은 음식 에너지를 필요로 하는 지점에 도달하게 될 것입니다. 사냥동물은 더 큰 근육을 발달시켜 더 빨리 달릴 수 있게 할 수 있지만 그 속도가 뼈를 부러뜨릴 수도 있습니다.

우리가 이미 보았듯이 또 다른 주요 한계 요인은, 진화는 전부터 있던 것을 일련의 작은 변화를 거치며 땜질해 간다는 점입니다. 때때로 이것은 놀라운 결과를 낳기도 합니다. 고래를 예로 들어 볼까요. 고래는 한때 육지에서 살던 동물의 후손으로, 육지에 살던 선조들로부터 물려받은 특징을 아직도 가지고 있습니다. 예를 들어 아가미로 사는 게 더 나을 수 있는데도 고래는 폐를 가지고 있습니다. 폐가 있다는 것은 사실 고래가 물에 빠져 죽을 수도 있다는 뜻이죠. 이건 바다생물에게 말도 안 되는 일인 것 같습니다.

어떤 것이 더 좋아지는 데에도 한계가 있습니다. 평범한 달걀을 생각해 보세요. 뭐 그리 대단해 보이지 않을지 모르지만 사실 그건 수억 년 동안 진화를 시도하고 수정해서 발달된 생명 유지 주머니입니다. 달걀은 이미 너무나 잘 만들어졌기 때문에 그 구조에 영향을 주는 돌연변이는 해로울 수 있습니다. 달걀이 더 딱딱해지면 병아리가 산란할 시기에 껍질을 깨고 나올 수 없을 것이고, 너무 약하다면 우연히 깨질 수도 있거든요.

고래이야기

고래의 진화 이야기는 복잡합니다. 여기서는 간단히 설명하겠습니다.

고래는 육지에서 발굽을 가진 포식자로 출발해서……

육지와 바다에서 지낼 수 있도록 진화되었습니다……

그러다가 바다 생활에 더 맞게끔 특수화되었습니다……

그리고 결국에는 지금의 고래로 진화했습니다.

고래는 많은 시간을 물속에서 보내지만 육지에 살았던 그들의 조상이 가졌던 폐와 같은 특징들을 여전히 많이 갖고 있습니다.

진화의 타협

진화는 매끄러운 과정이 아닙니다. 그것은 완벽한 표본을 만들어 내지 않습니다. 어떤 한 생물에게 서로 모순되는 두 가지가 필요한 경우가 많습니다. 그 결과, 두 가지 필요를 적당히 만족시키지만 그 어느 쪽도 완벽하게 만족시키지는 않는 진화상의 타협이 종종 일어납니다.

생물학자 리처드 도킨스가 그 예를 보여 줍니다. 어떤 조류 종(種)에서 암컷 새가 꼬리가 긴 수컷 새를 더 좋아한다고 상상해 보세요. 매력적인 짝을 찾고자 한다면 수컷은 멋지고 긴 꼬리를 갖고 있어야 합니다. 하지만 아무리 암컷 새들이 좋아한다 해도 긴 꼬리는 문제가 될 수 있습니다. 날아다니거나 포식자로부터 도망칠 때에는 짧은 꼬리가 종종 훨씬 더 낫습니다. 그래서 이 종의 수컷들은 평균적으로 중간 길이의 꼬리를 갖는 경향이 있을 수 있습니다. 암컷을 유혹하거나 날아다니기에 매우 좋지도 형편없지도 않은 타협점인 것입니다.

진화에는 또 다른 묘안이 있습니다. 예를 들면, 동물을 만들어 내는 유전적 지시사항에 일어난 변화는 종종 한 가지 이상의 영향을 줍니다. 빵 만드는 법에 한 가지 변화를 주면 빵 껍질과 속, 두 가지 모두를 변화시킬 수 있듯이 하나의 유전적 돌연변이는 한 군데 이상의 몸 부위에 영향을 줄 수 있습니다. 한쪽에 대단히 유익한 돌연변이가 다른 쪽에는 해로울 수 있다 하더라도 그 돌연변이는 자연선택에 의해 보존될 수 있습니다.

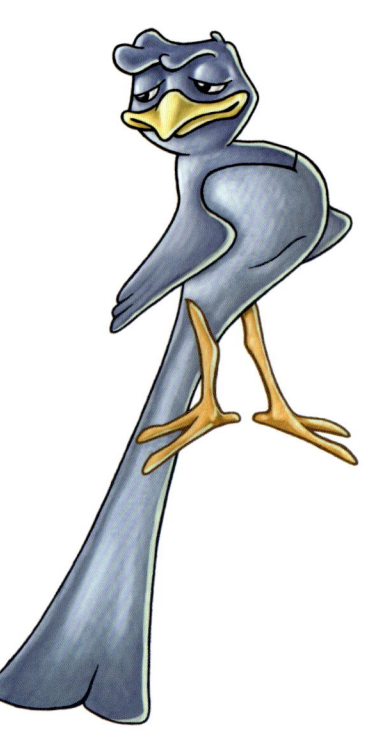

짧은 꼬리를 가진 새가 더 빠르고, 긴 꼬리 새가 더 멋지게 생겼다 해도 아마 중간 길이의 꼬리를 가진 새가 진화의 승리자가 될 것입니다.

이런 경우의 유명한 예로, 아프리카 출신 사람들 일부에게 흔한 돌연변이가 있습니다. 이 돌연변이는 겸상(낫 모양) 적혈구 빈혈이라는 심각한 병을 일으키는데, 이 병으로 죽을 수도 있습니다. 그러나 이 해로운 돌연변이는 자연선택에 의해 보존되었는데, 그것이 만약 약한 상태로만 있다면 좀 더 위험한 병인 말라리아로부터 사람들을 보호해 주기 때문이죠. 마지막으로 자연선택은 지금 세대, 지금 형태, 지금 조건에 유익한 것만 선호할 수 있습니다. 어떤 형질이 먼 미래에 유익할 수 있다거나 다른 곳의 다른 종에 이로울 수도 있다는 것에는 상관하지 않습니다. 바로 지금, 바로 여기에 유익할 경우에만 그 형질이 선택됩니다.

지금으로부터 100년 뒤에 치명적인 새로운 병이 야생 나무늘보 사이에 나타난다고 상상해 보세요. 그리고 미래의 후손들로 하여금 그 병에 대해 완전한 면역을 갖게 해 줄 돌연변이가 오늘 일어났다고 상상해 봅시다. 지금의 자연선택은 그 돌연변이를 좋아하지 않을 겁니다. 그게 나중에 유익할 수 있다 하더라도 그렇습니다. 지금 이 순간 나무늘보들에게 어떤 이익을 주지 않는 이상 그 돌연변이는 아마도 자연선택으로 보존되지 않을 것입니다.

타협은 자연에서 흔히 일어납니다. 이 선사 시대 생명체들은 초기 육상 생활에 적응하며 (폐를 포함하여) 진화했지만 물 밖에서는 느리고 어색했습니다.

우리는 어떤가요?

사람도 진화했을까요? 물론입니다! 모든 생물과 마찬가지로 현생 인류는 좀 더 이전의 종에서 진화했습니다. 우리에게는 조상이 있었고, 그들에게도 조상이 있었고, 조상의 조상도 그랬습니다. 그 끊어지지 않은 고리는 이 행성에 현미경으로 봐야만 보일 만큼 작은 생명체가 생겨난 수십억 년 전까지 뻗어 있습니다.

공룡시대에 우리 조상들은 오소리와 약간 비슷하게 생긴 작은 털북숭이 생물이었습니다. 공룡이 전멸했을 때 이 작은 포유류는 살아남았고, 새로운 많은 환경에 적응하여 번성했습니다. 어떤 것들은 영장류라고 하는 포유류 무리로 진화했는데, 이들은 나무에서 사는 삶에 적응했습니다.

마침내 이 고대 영장류 중 일부가 탁 트인 아프리카 평원에서 먹이를 구하기 위해 나무에서 내려오기 시작했습니다. 300만 년 전 유인원 같은 이 작은 생물들이 두려움 속에서 표범과 거대한 독수리 같은 포식자들을 경계하며 두 다리로 아프리카 초원지대를 걸었습니다. 그들은 현생 인류처럼 곧게 서서(직립) 걸었지만 뇌는 지금의 침팬지 뇌보다 약간 더 클 뿐이었습니다. 그들은 똑똑했지만 나중에 도달하게 될 정도에 비하면 어림없었습니다.

서서히 호미니드(현생 인류, 그리고 우리와 가장 가까운 친척들로, 이미 멸종됨)로 진화했고, 더 크고 복잡한 뇌를 갖게 되었습니다. 이렇게 점점 더 똑똑해짐에 따라 돌과 나무 도구를 만들고 사용하는 능력을 갖게 되었습니다. 수백만 년 뒤 호미니드는 심지어 불을 다루는 데 숙달하고, 서로에게 말을 하고, 함께 계획을 세우고, 배운 기술을 서로 공유하는 법을 알게 되었습니다. 뇌를 이용한 이런 중요한 발전은 그 전에는 자연에 없던 것들이었습니다. 그리고 그런 것들은 세계를 바꾸게 됩니다. 우리 선조들의 도구와 간단한 언어는 어느 날 인간을 우리 행성에서 우세한 종으로 만들어 주게 됩니다.

인간은 아직도 새로운 방식으로 진화합니다. 우리의 기술과 문화가 너무나도 막강하기 때문이죠. 예를 들면, 수천 년 전 시력이 좋지 않거나 이가 약한 사람은 일찍 죽을 수도 있었습니다. 그러나 오늘날 사람들은 대부분 안경과 치과의사의 도움을 받을 수 있습니다.

우리는 인간의 기술과 생각이 궁극적으로 어떤 영향을 미칠지 예측할 수 없습니다. 미래가 우리 종에게 어떤 것을 가져다줄지 아무도 모릅니다. 그러나 우리 뇌가 중요한 역할을 하게 될 것입니다. 지난 2백만 년 동안 호미니드의 진화에서 그랬던 것처럼 말이죠.

진보의 행진

진화를 단순한 '진보의 행진'으로 보여 주는 이 그림에 속지 마세요. 인간 진화의 진짜 이야기는 훨씬 더 복잡합니다. 과학자들은 아직도 조각들을 맞추고 있습니다. 우리는 옛 인류 친척들의 화석이 서로 연관되어 있다는 것을 알지만 정확히 어떻게 연관되어 있는지는 여전히 연구 하고 있습니다.

옛 호미니드의 뼈대, 치아 및 기타 증거를 연구한 결과로 우리가 말할 수 있는 것은 그들이 우리와 연결되어 있다는 것입니다. 또한 이미 멸종한 인간의 수많은 친척 종들을 대상으로 이 종이 저 종보다 더 오래되었다는 식으로 연대표에 배열할 수도 있습니다.

그러나 하나의 화석이 다른 친척 화석보다 더 오래되었다는 것을 안다고 해서 그것이 다른 화석의 직접적인 조상이라고 말해 주는 것은 아닙니다. 여러분 가족을 생각해 보세요. 아버지와 삼촌 모두 여러분과 가깝게 연관되어 있고, 두 사람 모두 여러분보다 나이가 많습니다. 그러나 여러분은 여러분의 아버지와 어머니에게서 나온 자손입니다. 삼촌과 숙모에게서 나온 게 아닙니다.

화석도 마찬가지입니다. 우리는 흔히 A라는 종이 B 또는 B의 가까운 친척으로부터 나왔다고 말합니다. 그러나 어떤 것의 후손인지 정확하게 말할 수는 없습니다.

네안데르탈인을 생각해 봅시다. 이 인간의 친척은 힘이 센 근육질 사냥꾼으로, 약 3만 년 전 멸종되기 전까지 유럽에서 살았습니다. 과학자들은 지금도 네안데르탈인이 우리 조상 중 하나였는지, 우리 조상과 연관된 별개의 종이었는지 연구하고 있습니다. 현재 DNA 증거는 네안데르탈인이 그저 현생 인류의 '삼촌'이었을 것이라는 점을 강력히 시사하고 있습니다.

적당히 좋으면 그걸로 충분해

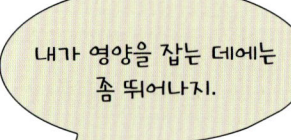

내가 영양을 잡는 데에는 좀 뛰어나지.

나는 도망치는 데 그렇게 나쁘지 않다고.

'적자생존'이라는 문구는 마치 자연선택이라는 시험을 통과한 생물만이 표본의 챔피언이라고 하는 것처럼 들리게 만듭니다. 자연 세계의 올림픽 선수와 노벨상 수상자라고 말이죠.

그러나 여러분도 알다시피 부모들은 대부분 올림픽 선수도, 천재도 아닙니다! 사실 생물이 다음 세대에 유전자를 전해 주기 위해 특별히 뛰어나거나 정교해질 필요는 없습니다. 그들이 해야 할 일은 그저 간신히 살아남는 것입니다. 자연에서 성공의 유일한 척도는 종을 지속시킬 새끼를 낳는 것뿐입니다.

인간은 "적당한 자의 생존"이라고 부를 수도 있을 만한 것의 좋은 예입니다. 우리는 우리의 지적 능력과 성취를 자랑스러워 합니다만 종으로서 우리는 여러 면에서 아주 그냥 그저 그렇습니다. 거의 모든 서식지에서 우리는 주변 동물들(위험한 포식자들을 포함해서)보다 더 느리고, 더 약하고, 덜 효율적입니다.

심지어 우리가 유명한 분야에서, 이를테면 생각하는 것이나 똑바로 서서 걷는 것과 같은 데에서조차 그다지 뛰어나지 않습니다. 사람은 생각을 할 때 온갖 종류의 실수를 정기적으로 저지르며, 그중 어떤 것들은 치명적이기까지 합니다. 우리는 중요한 정보를 까먹고, 잘못된 결론으로 건너뛰고, 증거를 무시합니다. 우리의 뇌는 착각과 환각을 잘하고, 감정은 우리를 위험한 일로 쉽게 이끌 수도 있습니다. 그러나 평균적으로 우리는 뇌를 써서 꽤 잘 해내고 있습니다. 그 뇌가 불완전하기는 해도 말입니다.

똑바로 서서 걷는 것은 어떤가요? 물론 직립보행은 손을 자유롭게 해 줘 도구와 음식을 운반할 수 있게 해 주는 등 많은 이점을 가지고 있습니다. 하지만 완성된 체계와는 거리가 멉니다. 왜냐하면 우리의 직립보행 조상들이 네 발로 걷는 생물로부터 진화한 것은 상당히 최근의 일이며, 우리 몸은 두 발로 걷는 데 어느 정도 적응됐을 뿐이기 때문입니다.

그러나 여기 우리들이 있습니다. 적당히 좋은 상태로 말이죠!

2부
진화에 관한 더 많은 질문들

아직도 진화에 대한 질문이 있나요? 여러분만 그런 게 아닙니다. 다윈은 150년도 더 전에 진화론과 자연선택이론을 밝혔지만 자연은 복잡하고 놀랍습니다. 모든 세대에서 호기심 많은 사람들이 세부적인 것들에 대해 계속 궁금해하고 있습니다.

걱정하지 마세요. 사람들이 진화에 관해 흔히 하는 질문에 대한 답이 여기 있습니다.

내가 왜 멸종됐는지 설명 좀 해 줄래요?

"진화가 일어난다는 것을 어떻게 아나요?"

찰스 다윈이 150년도 더 전에 처음으로 진화론의 개요를 설명했을 때, 그는 자신이 자연을 관찰하고 화석화된 옛 동물의 유해를 검토한 것을 증거로 내세웠습니다. 그때 이후 지질학자와 고생물학자(옛 생물을 연구하는 과학자)들은 먼 과거의 생물이 오늘날의 생물과는 다르고 어떤 종들은 멸종되었으며, 오래된 것에서 새로운 종들이 진화했다는 것을 확인하고 또 확인했습니다.

오늘날 DNA 분석의 도움으로 우리는 살아 있는 종(또는 최근에 멸종된 종) 사이의 연관성을 관찰만 하는 게 아니라 실제로 측정할 수 있습니다. DNA 증거는 분명합니다. 즉, 모든 종들은 서로 연관되어 있고 공통의 조상을 가지고 있습니다. 두 종의 DNA가 비슷하면 비슷할수록 그들의 마지막 공통 조상도 더 가깝습니다(예를 들어 침팬지, 네안데르탈인 그리고 현생 인류처럼 밀접하게 연관되어 있는 종들 사이에는 유전적 차이가 거의 없습니다).

진화는 아주 확실하게 일어나고 있습니다. 하지만 진화가 어떻게 일어나는지 다윈은 어떻게 설명할까요? 무작위적인 변이(오늘날 우리가 '돌연변이'라고 부르는 것)가 정말 새로운 형질을 만들어 낼까요? 자연선택은 정말 일어나고 있는 것일까요?

그렇습니다. 무작위적으로 일어나는 유전적 돌연변이는 생물에 완전히 새로운 형질을 만들어 낼 수 있습니다. 과학자들은 일상적으로 무작위적인 돌연변이를 이용하여 새로운 형질의 식용식물을 만들어 냅니다. 과학자들은 먼저 수천 개의 씨앗에, 유전적 지시 사항에 무작위적인 변화를 가져올 방사선

을 쏘아 댑니다. 그런 다음 그 씨앗을 심어 무슨 일이 일어나는지 관찰합니다. 방사선을 맞은 씨앗은 종종 자라지 못하거나 유해한 돌연변이를 갖게 됩니다. 그러나 몇몇은 질병에 대한 저항력을 갖거나 더 빨리 자라거나 더 많은 열매를 맺는 등 유익한 새로운 형질을 갖습니다(만일 빨간 그레이프프루트를 먹은 적이 있다면 여러분은 아마도 이런 무작위 돌연변이로 개발한 과일 품종을 먹은 것일 겁니다).

그리고 또, 맞습니다. 자연선택은 확실히 진짜 일어나고 있는 과정입니다. 수백 년간 우리는 사람들이 종을 극적으로 변화시킬 수 있다는 것을 목격했습니다. 사육사들이 늘 그런 일을 하기 때문이죠(예를 들면, 사람들은 늑대를 교배하여 닥스훈트에서부터 그레이하운드, 치와와까지 온갖 것을 만들어 냈습니다). 이런 선택은 사람에 의해서 이뤄진 것입니다만 실험실은 물론 자연에서도 선택이 자연스럽게 일어나고 있다는 것도 관찰할 수 있습니다. 바이러스와 박테리아가 약물에 저항력을 갖게 되거나 밝은 색 나방이 시커먼 매연 공해에 대응해서 더 거무스름한 위장색을 만들어 낼 때, 그것이 바로 지금 일어나고 있는 자연선택입니다!

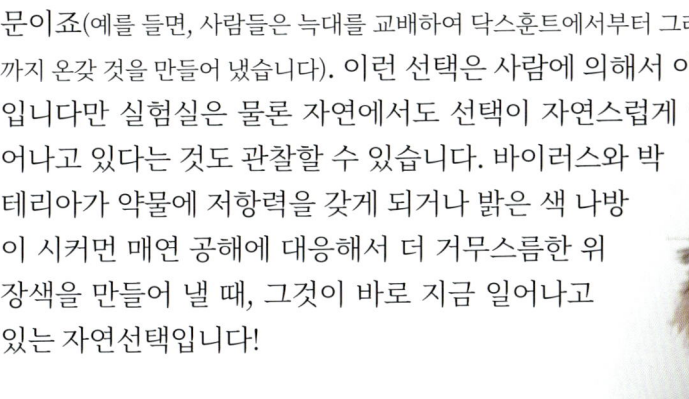

왼쪽(맞은쪽) 여자는 오른쪽 여자의 먼 조상입니다. 현생 인류의 여자는 3백만 년 전 아프리카 초원을 걸어 다녔던 그의 조상으로부터 직립보행, 자식들을 보살피려는 본능, 도구의 사용 등과 같은 많은 형질을 물려받았습니다.

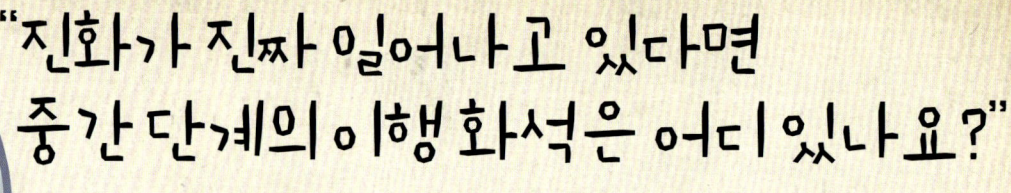

"진화가 진짜 일어나고 있다면 중간 단계의 이행 화석은 어디 있나요?"

중간 단계의 이행 화석은 화석 기록에서 두 가지 서로 다른 종과 관련되어 있는 것을 보여 주는 특징을 가진 화석입니다. 그것은 새로운 식물이나 동물이 더 오래된 종에서 새로운 종으로 어떻게 진화했는지 보여 주는 중간에 있는 화석입니다. 그렇다면 그런 중간 단계의 이행 화석은 어디에 있을까요?

어떤 사람들은 듣고 놀라겠지만, 이런 화석은 수천 톤(말 그대로 수천 톤입니다. 화석은 바위여서 엄청나게 무겁거든요)이나 있습니다.

이행 화석들의 연속성을 가장 확실하게 보여 주는 것 중 일부가 고대의 조개류 같은 해양생물입니다. 딱딱한 껍질의 해양동물은 쉽게 화석이 되며, 그런 화석은 매우 많아서 비교적 찾아내기 쉽습니다. 육상동물의 화석은 그 수가 더 적지만 과학자들은 많은 육상동물들에 대해서 이행 화석을 포함하여 아주 완전한 화석 기록을 모아 맞추는 작업을 여전히 하고 있습니다. 예를 들면, 말[馬]과의 동물들이 개만 한 크기의 조상으로부터 어떻게 진화했는지 보여 주는 자세한 화석 기록이 있습니다. 또한 코뿔소와 코끼리의 진화를 보여 주는 훌륭한 기록도 있습니다.

진화 역사상 가장 극적인 변신을 한 생물의 화석 기록도 많습니다. 예를 들면, 고래의 진화를 놀라울 정도로 분명하게 보여 주는 기록이 있는데, 그 화석들은 고래가 늑대 같은 육상포유류에서 큰 수달처럼 생긴 강의 포식자로, 원시 고래로, 그리고 지금의 고래로(29쪽을 보세요) 진화하는 것을 보여 줍니다. 그리고 어류가 어떻게 육상동물로 진화했는지 보여 주는 일련의 화석들도 있고, 파충류가 어떻게 포유류로 진화했는지 자세하게 보여 주는 화석도 있습니다.

그러나 역대 최고의 중간 단계 이행 화석은 시조새입니다. 시조새는 약 1억 5천만 년 전 두 다리를 가진 작은 공룡에서 진화한 깃털 달린 작은 동물이었습니다. 그것은 꼬리와 이빨을 포함하여 공룡의 뼈대를 갖고 있었습니다. 하지만 지금 조류의 주요한 특징도 가지고 있었는데, 깃털과 날개가 있었고 날 수 있었습니다.

시조새는 현생 조류를 낳은 가지로 분리된 그룹 어딘가에 속하지만 현생 조류의 직접적인 조상인지 아니면 그저 그 조상의 사촌인지는 그 누구도 확신하지 못하고 있습니다. 진화라는 개념에 도전하는 사람들은 시조새가 "그저 새일 뿐"이거나 "공룡일 뿐"이라고 주장하려 합니다. 그러나 시조새는 으뜸가는 예입니다. 왜냐하면 시조새는 분명히 새와 공룡 모두의 특징을 가지고 있는 이행 화석이기 때문입니다. 이행에 관한 한 그보다 더 나은 것은 없습니다.

화석은 육상동물이 어떻게 어류에서 진화했는지 보여 줍니다.

시조새는 까마귀 정도 크기의 작은 동물이었습니다.

"아프리카 어딘가에 공룡이 아직 살아 있지 않을까요? 그렇다면 그건 진화가 일어나지 않았다는 뜻이 아닐까요?"

빅풋(Bigfoot, 북아메리카의 야생지대에서 목격된다는 미확인 동물—옮긴이)을 비롯해 전설 상의 동물들을 찾아다니는 사람들은 종종 '모켈레-음벰베'의 존재를 믿습니다. 이 생물은 네 발 달린 초식공룡이라고 하는데, 그 존재를 믿는 사람들은 모켈레-음벰 베가 지금도 아프리카 콩고 지역의 정글에 살고 있다고 주장합니다. 신비에 싸인 다른 많은 생물들처럼, 모켈레-음벰베를 만났다는 흥미진진한 이야기들이 있습니다. 많은 원정대가 이 은둔의 짐승을 찾아 나섰지만 존재한다는 설득력 있는 증거 는 여태 발견되지 않았습니다.

깊은 강과 호수를 유유히 걸어 다니는 용각류 공룡이라고 알려진 모켈레-음벰베를 묘사한 그림.

어떤 사람들은 만약 모켈레-음벰베가 존재한다면 다윈 이론은 끝장날 것이라 말합니다. 그러나 그렇지 않습니다. 모켈레-음벰베가 살아 있다면 진화 가지에서 또 하나의 잔가지가 될 것입니다. 그것은 멸종하지 않았고, 또 많이 변하지 않은 생물의 예가 될 것입니다. 말하자면 살아 있는 화석이 되는 셈이지요.

악어가 그런 생물입니다. 공룡시대에 악어는 오늘날처럼 강을 돌아다니며 사냥했습니다. 그리고 지금의 악어와 놀랄 정도로 비슷했습니다. 이는 악어가 생존에 굉장히 잘 적응해서 그들을 극적으로 바꾸게 하는 압력을 훨씬 적게 받았기 때문입니다.

그러나 지금의 악어가 수백만 년 전 조상을 닮았다고 말하는 것은, 그들이 그 조상과 같은 종이라고 말하는 것과는 아주 다른 이야기입니다. 그렇지 않습니다. 지구에 사는 모든 생명과 마찬가지로 악어, 상어, 실러캔스 같은 '살아 있는 화석'들도 진화했습니다.

예를 들면, 그들의 내부 기관이 더 커지거나 작아졌을 수도 있고, 방호 기관이 더 가벼워지거나 무거워졌을 수도 있습니다. 하지만 이런 진화의 땜질 과정이 그들을 급격하게 바꿔 놓지는 않았습니다. 그들은 늘 보여 준 모습과 상당히 비슷해 보입니다. 전설의 모켈레-음벰베에 대해서도 같은 이야기를 할 수 있을 것입니다. 만약 그것의 존재가 밝혀진다면 말이죠. 그러나 그럴 가능성은 그리 높지 않습니다.

그것은 망치 디자인과 약간 비슷합니다. 모든 종류의 망치 디자인이 존재하고 또 존재했습니다. 어떤 것은 크고, 어떤 것은 작고, 머리와 손잡이 모양도 모두 제각각입니다. 그러나 이 모든 자잘한 디자인의 변화에도 불구하고 망치는 우리 조상들이 처음 돌멩이에 막대기를 묶었던 그때 이래로 거의 똑같이 생겼습니다. 신기할 게 하나도 없습니다. 효과적인 디자인은 오래 남는 법입니다.

실러캔스는 살아 있는 화석으로 유명합니다. 과학자들은 실러캔스 종이 모두 수백만 년 전에 멸종되었다고 생각했습니다. 그러나 1938년에 사람 크기만 한, 살아 있는 실러캔스의 예가 발견되었습니다.

지금의 악어는 살아 있는 화석으로, 공룡 시대에 살았던 그들의 '조상과 많이 닮았습니다.

"잠깐만요! 공룡 발자국과 사람 발자국이 같이 발견되지 않았나요?"

그런 발견이라면 굉장할 것 같네요. 하지만 사람 발자국과 공룡의 흔적이 함께 존재한다는 소문은 그냥 소문일 뿐입니다.

마지막 공룡은 최초의 인간이 나타나기 약 6천만 년 전에 이미 지구에서 사라졌습니다. 이것은 과학적인 추정치입니다. 그러나 그냥 짐작한 게 아닙니다. 과학자들은 공룡과 인간 사이에 시간적으로 엄청난 차이가 있다는 것을 여러 번 되풀이해서 확인했습니다. 공룡과 인간이 이 행성에 같은 시기에 있었던 적은 결코 없습니다. 그렇다면 인간과 공룡의 흔적이 같이 있다는 그런 환상적인 주장은 어떻게 시작된 것일까요?

그 모든 것은 1908년 텍사스에서 일어난 홍수와 함께 시작되었습니다. 살인적인 홍수가 글렌로즈라는 작은 도시를 황폐화시켰고, 공룡시대 이래 묻혀 있던 암석도 드러나게 만들었습니다. 오래잖아 그 지역에 사는 십 대가 놀라운 것을 발견했습니다. 바로 암석에 보존된 거대한 세 발가락의 발자국이었습니다. 이것은 두 다리로 반듯하게 서서 걸었던 티라노사우루스 렉스와 비슷한 커다란 공룡이 만들어 낸 흔적이었습니다. 1억 년도 더 전에 이 동물이 질퍽한 흙을 밟고 지나갔고, 그런 다음 그 발자국이 엄청난 양의 진흙으로 덮여 결국에는 화석이 되었습니다.

오래전 공룡들은 지금의 텍사스에 발자국을 남겼습니다.

그곳 사람들은 그 지역에 공룡 흔적이 이리저리 나 있다는 것을 곧 알게 되었습니다. 그러다가 몇 년 뒤 또 다른 아이가 다른 형태의 흔적을 발견했습니다. 그것은 거대한 인간의 발자국과 약간 비슷해 보였습니다!

사람들은 공룡의 흔적과 '인간'의 발자국을 깎아 내 팔기 시작했습니다. 이것은 굉장히 힘든 일이었습니다. 커다란 발자국을 잘라 내는 일은 시간이 너무 걸려서 좀처럼 돈이 되지 않았습니다. 그러던 중 어떤 사람이 더 쉬운 방법이 있다는 것을 깨달았습니다. 떨어지기 쉬운 바위에 가짜 발자국을 새겨 넣으면 어떨까? 물론, 그건 좀 정직하지 못한 일이지만, 그래도…….

어느 날, 롤랜드 버드라는 고생물학자가 가게에서 거대한 인간의 발자국을 우연히 보게 되었습니다. 그는 처음에는 깜짝 놀랐지만 곧 그게 3달러짜리 지폐가 그렇듯 가짜라는 것을 깨달았습니다(그것은 너무 완벽했고 말도 안 되는 모양을 하고 있었습니다).

그러나 다행인 점도 있었습니다. 버드가 만나 질문한 그 지역 사람들이 그를 진짜 공룡 발자국이 있는 곳으로 데려갔습니다. 버드는 다양한 흔적에 감탄했고 서서히 사람들의 이야기를 하나로 종합했습니다. 거대한 네 발 공룡의 무리가 얕은 진흙 바닥을 건너갔고, 세 발가락의 두 발 공룡들이 그들을 몰래 뒤쫓았으며, 아주 오랜 옛날 한때는 물가였던 곳에서 또 다른 종류의 공룡들이 그들과 함께 살았습니다. 그 흔적들은 공룡들이 어떻게 이동했고, 서로 어떻게 교류했는지 우리에게 알려 줍니다. 이것은 다른 방법으로는 우리가 도저히 알 수 없었을 것들입니다.

'인간'의 발자국은 인간의 것이 전혀 아니었습니다. 두 발 공룡들은 그들이 어떻게 걷느냐에 따라 다양한 형태의 발자국을 남겼습니다. 이 점은 우리가 확실하게 알고 있습니다. 한 개체가 두 가지 형태의 발자국을 남긴 길이 있기 때문이죠. 똑바로 서서 걸을 땐 새 같은 작은 자국을 남겼고, 웅크렸을 땐 기다란 '발뒤꿈치'가 있는 자국을 남겼습니다. 부드러운 진흙이 그런 자국으로 다시 흘러들어 세 갈래로 갈라진 발가락을 지워 버렸습니다. 화석이 되자 이것은 거대한 인간의 발자국과 희미하게나마 비슷한 길쭉한 형태가 되었습니다. 거기서부터 나머지는 상상력이 만들어 낸 결과였습니다.

공룡들은 대개 발가락 아래 도톰한 부분으로 걸어서 짧은 흔적을 남겼습니다.

그러나 가끔 '발뒤꿈치'를 내려서 좀 더 기다란 흔적을 남겼습니다.

부드러운 진흙이 발자국으로 스며들어 발가락 부분을 없애는 바람에 사람 발자국과 닮은 흔적을 남겼습니다.

"진화는 우리 눈처럼 복잡한 것을 어떻게 만들어 냈을까요?"

맞아요. 눈은 복잡합니다. 자동초점 렌즈, 눈으로 들어오는 빛의 양을 조절하는 홍채, 우리의 시선 방향을 조절하는 작은 근육 다발 등 많은 부분이 함께 작동합니다.

어떤 이들은 그 어떤 부분 하나라도 빠지면 눈은 제대로 작동할 수 없을 거라고 주장합니다. 예를 들면, 렌즈가 없는 눈은 초점을 맞출 수 없을 것이라고 말합니다. 따라서 눈은 단순한 디자인으로부터 조금씩 진화할 수는 없었을 것이라고 말입니다. 아예 처음부터 모두 다 완벽했어야 한다는 거죠. 잘 가요, 다윈!

이런 이야기는 꽤 그럴듯해 보입니다. 한 가지만 빼고는 말이죠. 이 모든 부분이 있어야만 눈이 작동한다는 것은 사실이 아닙니다. 다윈이 지적했듯이 오늘날의 자연은 우리 눈보다 훨씬 더 단순하게 설계된 눈들로 가득 차 있습니다.

예를 들면, 빛에 민감한 세포 덩어리를 피부에 갖고 있는 벌레들이 있습니다. 이런 세포는 벌레들이 밤과 낮을 구분할 수 있게 해 줍니다. 그리고 단순히 움푹 들어간 곳에 빛에 민감한 세포들이 줄을 지어 늘어서 있는 눈을 가진 편형동물 같은 동물도 있습니다. 이런 세포들은 빛이 오는 방향을 탐지할 수 있고, 심지어 동작까지 탐지할 수 있습니다.

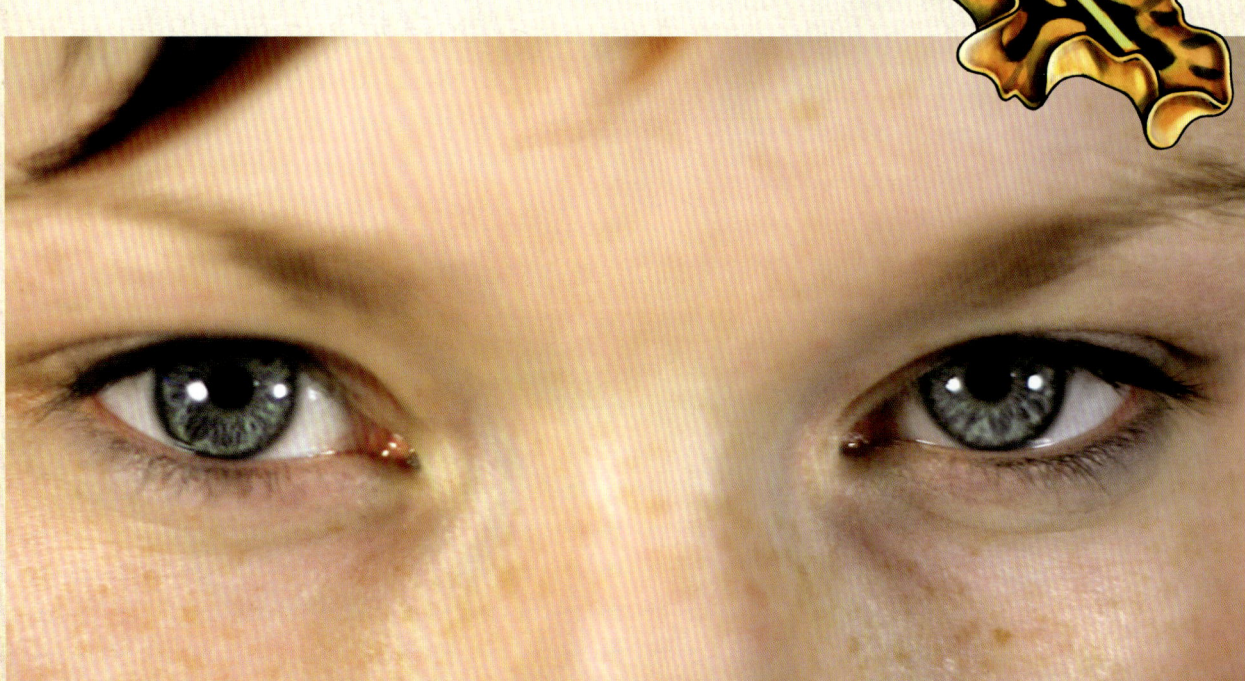

편형동물이라고 불리는 이 바다 생물은 몸에 컵 모양의 단순한 눈을 많이 가지고 있습니다.

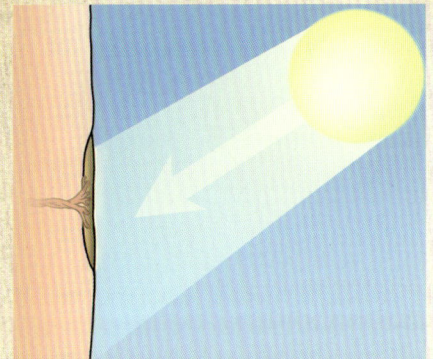
빛에 민감한 단순한 세포들이

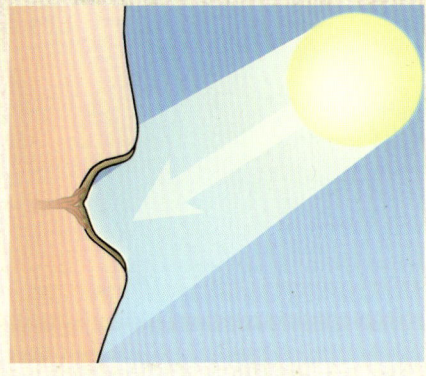
컵 모양의 눈으로 이어지고,

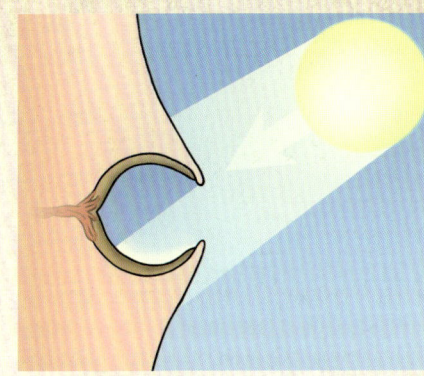
그것이 앵무조개의 것과 같은 바늘구멍(핀홀) 눈으로 이어집니다.

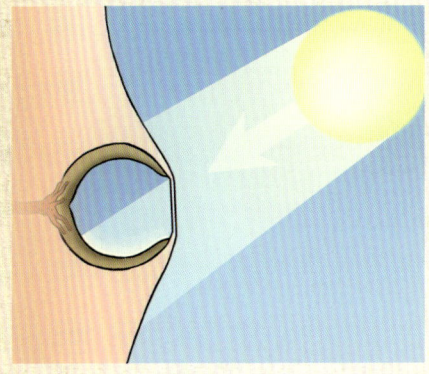
투명한 덮개가 발달하여 눈을 보호하고

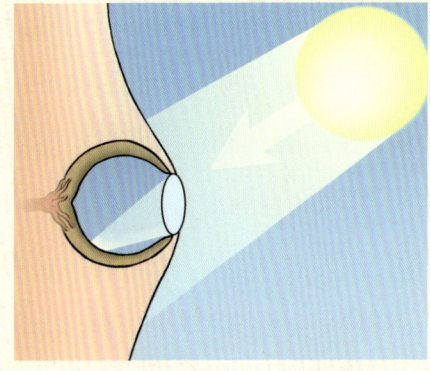
이것이 원시적인 렌즈로 이어집니다.

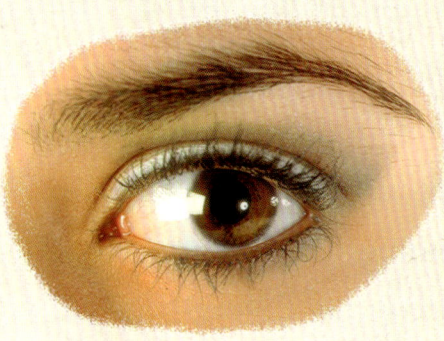
그리고 마침내 우리가 가진 것처럼 뛰어난 렌즈가 됩니다.

 어떤 동물들의 눈은 더 깊은 컵 모양인데 시력은 좀 더 좋습니다. 아직 엄청나게 뿌옇기는 하지만 말입니다. 그러나 컵처럼 생긴 눈의 열린 부분을 좁혀 주기만 해도 그 문제는 해결됩니다. 좁은 '바늘구멍(핀홀)'의 열린 부분은 초점을 맞추는 데 도움이 되는데, 심지어 렌즈가 없어도 그렇습니다(어떤 사진작가들은 이것과 똑같은 방식으로 작동하는 핀홀 카메라를 사용합니다). 오늘날의 자연에서는 앵무조개라고 하는 오징어 친척이 이런 종류의 바늘구멍 눈을 가지고 있습니다.

 바늘구멍 눈이 약간 투명한 피부로 덮여 보호되는 눈을 가진 동물들이 있습니다. 이 투명한 덮개가 약간이라도 불룩해지면 빛의 초점을 맞추는 데 도움을 주는 원시적인 렌즈가 됩니다. 왕우렁이를 포함하여 오늘날 많은 동물들에게서 이런 일이 일어납니다. 어떻게 우리가 가진 것처럼 고품질의 렌즈로 진화할 수 있는지 보는 것은 쉽습니다. 렌즈의 선명도나 초점조절 능력을 개선하는 것이 올바른 방향으로 가는 단계입니다.

 이런 많은 종류의 눈은 평범한 피부세포가 인간의 눈처럼 복잡한 눈으로 천천히 바뀌는 일련의 작은 단계들을 설명해 줍니다. 모든 단계가 다 효과가 있으며, 모든 단계는 개선된 것입니다. 그리고 모든 단계가 오늘날 살아 있는 동물에게서 발견됩니다.

앵무조개의 바늘구멍 눈은 위를 덮는 렌즈가 없는 그냥 열려 있는 빈 공간입니다.

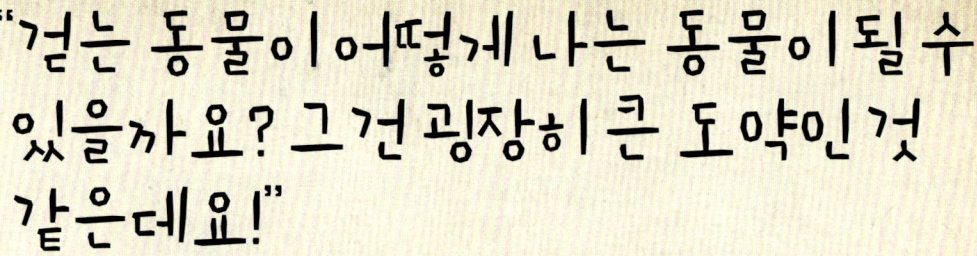

"걷는 동물이 어떻게 나는 동물이 될 수 있을까요? 그건 굉장히 큰 도약인 것 같은데요!"

날지 못하는 동물이 날아다니는 동물로 진화했을 뿐만 아니라 이런 일은 꽤 자주 일어나고 있는 것으로 보입니다. 날개를 펄럭거리며 날아다니게 만든 진화는 최소한 네 번 각각 일어났습니다. 익룡, 새, 박쥐, 곤충 들은 각각 걷거나 기어 다니던 조상으로부터 독립적으로 진화한 나는 동물의 예입니다.

이건 정말 놀라운 것 같습니다. 어쨌든 동물은 날 수 있거나, 또는 날 수 없거나 둘 중 하나라는 이야기 아닌가요? 그런 일이 한 번 이상 일어나게 한다는 것은 진화의 큰 도약 아닌가요?

잠깐만요, 서두르지 마세요! 어떤 동물들은 (독수리처럼) 날 수 있는 반면 어떤 것들은 (코뿔소처럼) 전혀 날 수 없습니다. 그러나 이 양극단이 이야기의 전부는 아닙니다.

사람들은 가끔 많은 동물들이 어느 정도 날 수 있다는 사실을 잊습니다. 이런 생물들은 낙하산을 타고 내려오거나(천천히 떨어지거나) 활공(떨어지면서 수평으로 조종하고 이동)합니다.

생각해 보면 말이 되는 것 같습니다. 많은 동물들이 나무에서 삽니다. 그런데 떨어지면 죽을 수도 있습니다. 나무에서 떨어질 때 어떻게 벽돌처럼 그대로 뚝 떨어질지 생각해 보세요. 그런 다음 얼마나 멀리 떨어지거나 뛰어내릴지 어느 정도 조절하는 능력을 갖고 있다면 그게 얼마나 큰 장점인지 상상해 보세요.

다람쥐 같은 동물들은 하루에도 여러 번 대담하게 나무에서 나무로 뛰어다닙니다. 이것은 위험한 일이기 때문에 대부분의 다람쥐 같은 포유류들은 몸을 활짝 펴고 낙하산처럼 내려옴으로써 떨어지는 것을 늦추는 최소한의 능력을 발달시켰습니다. 몇몇 동물에게서는 더 나아간 '진화 도약'이 일어났습니다. 그들은 다리 사이에 펼쳐지는 피부판을 써서 우아하게 활공할 수 있습니다(미국의 하늘다람쥐, 호주의 유대하늘다람쥐, 필리핀의 박쥐원숭이는 모두 서로 독립적으로 이런 능력을 발달시켰습니다).

포유류만이 나무에서 나무로 활공하는 유일한 동물은 아닙니다. 어떤 도마뱀은 옆면을 따라 나 있는 피부판을 활용해서 활공을 돕습니다. 다른 도마뱀은 갈비뼈를 당겨서 활공 '날개'로 쓸 수 있도록 진화했습니다. 또 어떤 청개구리는 거대한 발로 활공을 돕습니다.

훨씬 더 희한한 것은 활공하는 뱀입니다. 그들은 몸을 납작하게 해서 코일처럼 돌려 감고 나무에서 자신을 발사시킴으로써, 이상해 보이기는 하지만 성공적으로 활공합니다. 활공하는 물고기도 있습니다. 이런 '날아다니는 물고기'는 포식자들로부터 달아나기 위해 날개처럼 생긴 지느러미를 써서 물에서 솟아올라 한 번에 45초까지 하늘에 떠 있습니다(시계가 45초 동안 째깍거리는 것을 한번 지켜보세요. 이게 물고기에게 얼마나 놀

활공은 많은 그룹의 동물에서 여러 번 진화되었습니다. 세부적인 점은 다르지만 기본적인 솜씨는 공통적입니다. 동물들은 자신의 몸을 사용해 공중에서 떨어지는 방식을 늦추고, 통제하고 연장시킵니다.

라운 일인지 감이 올 것입니다). 참고로, 라이트 형제의 역사적인 최초의 비행기 비행 시간은 겨우 12초였습니다.

인류의 역사에서 대부분은 하늘을 나는 것이 거의 마술 같은 일이라고 생각했습니다. 하지만 날아다니고 활공하는 것은 자연에서 놀랄 정도로 흔한 일입니다. 인간이 이 오랜 꿈을 이루기 위해서는 비행기와 같은 형태의 발전된 기술이 필요했습니다. 그러나 진화는 동물의 왕국의 수많은 생물에게 날 수 있는 선물을 주었습니다.

과학자들은 이 시조새처럼 날아다니는 많은 동물들이 나무에서 살며 활공하던 조상들로부터 진화했다고 믿습니다.

"진화를 통해 생겨나기에는 생명의 그물이 너무 복잡하지 않나요?"

자연계를 보고 감동하지 않기는 어려울 것입니다. 생물은 모두에게 유효하게 작용하는 것처럼 보이는 복잡한 관계 속에서 다른 생물과 공존합니다.

이를테면 벌들의 주요 먹이원은 꽃에서 나오는 꿀과 꽃가루입니다. 벌들이 꽃에서 꽃으로 꽃가루를 운반할 때 식물은 그것을 이용해 씨를 만들고 생식합니다. 벌과 꽃은 살아남기 위해 서로에게 필요합니다.

다른 예로, 동식물이 죽으면 무슨 일이 일어나는지 보세요. 모든 부위는 청소동물들에 의해 먹히고, 박테리아에 의해 분해되거나 땅에 흡수되어 나무와 풀의 먹이로 사용될 것입니다. 낭비되는 게 하나도 없습니다.

어떤 이들은 작은 진화적 변화 과정을 통해 도달하기에는 자연이 너무나 잘 조직되고 복잡하다고 생각합니다. 그러나 여기 긴급 속보를 말씀드리겠습니다. 자연의 과정이 항상 그렇게 효율적인 것은 아닙니다. 자연의 어떤 부분은 완전히 멍청하고 낭비가 많습니다.

나무를 예로 들어 볼까요. 생물학자 리처드 도킨스가 묻습니다. "숲 속의 나무들은 왜 그렇게 키가 클까요?"

멍청한 질문 같아 보이지만 몇 억 년 전에는 우리 행성 그 어디에도 키가 큰 나무는 없었습니다. 숲 속 나무들은 왜 그렇게 기다란 몸통을 갖게끔 진화했을까요? 가지들은 땅에서 왜 그렇게 높이 있어야만 할까요?

"짧게 대답하면……." 도킨스가 설명합니다. "다른 나무들이 모두 키가 커서 그 어떤 나무도 그러지 않고는 배길 수가 없습니다. 만약 안 그랬다면 그늘에 가려 빛을 보지 못할 것입니다." 나무들이 살아남으려면 빛이 필요합니다. 햇빛을 쪼이기 위해 나무는 주변 나무들만큼이나 키가 커질 필요가 있습니다.

나무들이 주변 나무들과 경쟁할 필요가 없는 경우를 상상해 보세요. 나무들은 열매를 맺고 많은 씨앗을 퍼뜨리는 것과 같이 에너지를 더 나은 데 쓸 수 있을 것입니다. 더 많은 씨앗은 나무 유전자가 다음 세대에 확실하게 전해지는 데 도움을 줄 것입니다. 씨앗을 만드는 데에는 귀중한 양분과 에너지가 들어갑니다. 성장도 마찬가지입니다. 자연에서 모든 것은 균형을 맞추기 위한 맞바꾸기입니다. 나무가 몸통을 그렇게 길게 자라게 할 필요가 없다면 씨앗에 훨씬 더 많은 자원을 투자할 것입니다.

이 지렁이는 유기물이 분해되는 것을 도와 식물 성장에 쓰일 수 있게 합니다.

그러므로 이런 점에 대해 생각해 봅시다. 모든 나무들이 지금 높이의 딱 절반 크기라면 훨씬 더 나았을 것입니다. 절반 크기의 나무 모두 지금과 정확하게 똑같은 양의 햇빛을 받겠지만 키가 크게 자라는 데 에너지를 그렇게 많이 써 버리지 않아도 될 것입니다. 그렇다면 분명합니다. 모든 나무들은 키가 작아야 합니다. 모두 다 그것에 어느 정도 '동의'한다면 말입니다. 그러나 자연에서 일어나는 일은 그렇지 않습니다.

왜 그럴까요? 문제는 동식물이 큰 그림을 볼 수 없다는 것입니다. 자연에서 모든 것은 자신이 차지한 작은 풀밭 위에서 그저 자신만의 이익을 위해 바삐 일합니다. 다람쥐, 나무, 땅속 박테리아 모두들 자신이 할 수 있는 최대한 성장하고 생식할 뿐입니다.

나무들은 그저 자신의 유전자를 다음 세대에 전해 주도록 만들어졌습니다. 이렇게 하는 것이 다른 나무를 해치는 일일지라도 말이죠. 이것이 하늘로 치솟는 시합으로 이어집니다.

모든 나무들이 키가 작은 숲을 상상해 보세요. 키가 더 커지는 돌연변이를 가진 첫 번째 나무는 추가로 햇빛을 더 많이 받을 것이고, 그 주위의 나무들은 그늘에 더 많이 가려지게 될 것입니다. 이것은 키가 더 큰 나무가 에너지를 모으고 씨앗을 만들고 유전자를 전해 주는 데 더 유리하게 만들어 줄 것입니다. 따라서 나무의 키가 작은 숲에서는 키가 더 커지는 돌연변이가 작은 키 유전자보다 더 자주 다음 세대에 전해지게 될 것입니다.

이미 키가 큰 숲에서는 키가 작아지는 새로운 돌연변이가 자리 잡기 어려울 것입니다. 키 작은 나무들은 햇빛을 쬘 수도 없고, 이는 이들이 무럭무럭 자라 작은 키 유전자를 물려줄 가능성도 낮다는 것을 뜻하므로 작은 키의 돌연변이는 불리할 것입니다.

나무들은 햇빛을 받을 수 있을 정도로 키가 큽니다.

그렇지만 모두 키가 작다면 모두 대가를 덜 치르고도 햇빛을 받을 수 있습니다.

(모두들 처음에는 편안히 앉아서 시작하는 콘서트와 비슷합니다. 다들 처음에는 잘 볼 수 있습니다. 하지만 몇몇 사람이 더 잘 보려고 일어서면서 다른 사람들의 시야를 가리게 됩니다. 곧 모든 사람들이 처음에 봤던 것처럼 보려면 일어서야만 합니다. 아무도 느긋하게 앉아 있을 수 없게 됩니다.)

그 결과 모든 나무들은 자원의 상당 부분을 높이 자라는 데 쓰게 됩니다. 심지어 키가 작은 게 숲 전체에 더 나은 경우에도 그런 일이 일어납니다. 리처드 도킨스가 말하듯이 "너무 무의미하고 너무 낭비가 많은 것 같습니다."

그러나 그게 자연입니다. 자연선택은 완벽한 세계를 만들지 않습니다. 자연선택은 수십만의 개별 생명체들 모두가 살아남고 번식하기 위해 맹렬히 경쟁하는 그런 세상을 만들어 냅니다. 이 거대하고 상상할 수 없을 정도로 복잡한 경쟁은 놀랄 정도로 안정된 생태계를 유지시키기 위해 균형을 잡습니다. 하지만 자연선택은 엄청나게 낭비가 많은 관계를 낳기도 합니다. 종들 사이의 경쟁이 길고도 긴 무승부로 잦아들 때, 이를 '생태적 균형'이라고 말합니다.

그러나 어떤 나무의 키가 더 커지면 다른 나무들도 따라잡아야만 합니다.

그리고 모든 나무들이 다 키가 크면 키 작은 나무는 큰 불이익을 받습니다.

"사람들은 진화가 생명의 기원을 설명하는 것처럼 말하는데, 사실인가요? 생명은 처음에 어디서 시작됐나요?"

진화가 일단 시작되자 그것이 지구 위 생명을 어떻게 형성시켰는지에 대해 엄청나게 많은 것들을 우리는 알고 있습니다. 그러나 생명이 어떻게 시작되었는지에 대해서는 알지 못합니다.

화석 기록은 수십억 년 전 지구에서 현미경으로 봐야 할 만큼 단순한 생물이 처음 생겨났을 때 근처까지는 거슬러 올라가지만 결국에는 사라져 버립니다. 그 이유 중 하나는, 초기 지구 표면의 암석 대부분이 행성 내부로 다시 재활용되어 들어가면서 가장 초기의 화석 중 많은 것들을 함께 가지고 가 버렸기 때문입니다(화산은 새로운 암석을 지표면으로 가져오는 반면, 오래된 암석은 지각 운동에 의해 천천히 밀려납니다). 이것은 생명의 기원에 대한 문제를 연구하기 매우 어렵게 만듭니다.

그러나 과학자들은 초기 지구에 대해 많은 것을 알아냈습니다. 행성이 부글부글 뜨겁게 탄생하고 냉각된 바로 뒤 그곳에는 물, 온기, 혜성이 가져온 어떤 화학물질 등 생명에 필요한 요소들이 많이 있었습니다. 과학자들은 생명의 복잡한 화학성분이 단순한 요소로부터 어떻게 생성될 수 있었는지도 알아냈습니다. 드디어 이제 과학자들은 생명을 촉발시켰을 수도 있는 일부 과정도 알게 되었습니다.

그래도 생명의 기원은 과학에서 여전히 가장 큰 수수께끼 중 하나입니다. 정말 흥미진진하고 중요한 문제입니다! 아마도 여러분이 그 문제를 풀어내는 사람이 될 수도 있을 겁니다!

"종교는요?"

이것은 사람들이 진화에 의문을 가질 때 종종 묻는 질문입니다. 사람들은 과학의 발견과 자신의 종교적 이해를 연결시키고 싶어 합니다.

불행히도 이것은 과학이 도와줄 수 있는 분야가 아닙니다. 과학자 개개인은 종교 문제에 대해 각자 자신의 생각을 가지고 있을 수도 있지만 과학 전체로는 종교와 관련해 할 말이 없습니다.

과학은 자연계가 어떻게 작동하는지 알아내는 가장 믿을 만한 방법입니다. 그러나 그런 발견이 정신적인 의미에서 무엇을 뜻하는지 설명해 줄 수는 없습니다. 종교 문제를 물어보기에 가장 좋은 사람은 여러분의 가족, 친구, 공동체 지도자 들입니다.

위풍당당 진화의 힘

진화에 한계가 있기는 하지만 그런데도 그 힘은 놀랍고 장엄합니다. 그런 과정이 자연계에 넘쳐나는 다양성을 만들어 낼 수 있다는 사실은 다윈의 시대만큼이나 오늘날에도 여전히 놀랍습니다.

다윈은 "이 생명관에는 장대함이 있다"라고 썼습니다. 또한 "그렇게 단순한 시작에서부터 가장 아름답고 가장 놀라운 무한한 형태가 진화되었고 지금도 되고 있다"라며 놀라워했습니다.

진화는 살아 있는 세계의 모든 측면을 만들어 내고 다듬었습니다. 벌새의 비행, 독수리의 눈, 대벌레의 모방, 심지어 자연의 작용을 이해할 정도로 똑똑한 여러분의 것과 같은 뇌 등이 그것입니다. 수십억의 종이 지구에 존재해 왔습니다. 모두 다 귀중하고, 모두 다 놀랍고, 모두 다 우주라는 왕관의 보석입니다.

그리고 여기 등골이 오싹한 사실이 있습니다. 여러분은 이 행성에 존재한 모든 종, 모든 사람, 모든 생물 하나 하나와 연관되어 있습니다.

가장 하찮은 박테리아부터 흰긴수염고래에 이르기까지 모든 생물은 생명의 거대한 나무에서 진화한 가지들입니다!

용어 설명

DNA
유전자라는 화학적으로 암호화된 지시사항을 가진, 고리처럼 생긴 긴 분자. 생물이 자라는 데 필요하다.

돌연변이
생물 성장을 위한 유전적 지시사항에 일어난 무작위적(예측 불가)이고 영원한 변화.

먹이동물
다른 동물에 의해 먹이로 사냥당하는 동물.

생명 다양성
오늘날 자연계에 존재하고 화석 기록에서 발견되는 서로 다른 많은 생물 종들.

생식
생물이 자손을 생산하는 과정.

수렴 진화
생물이 비슷한 도전을 받고 그에 대한 반응으로 비슷한 특징을 진화시키는 경향. 예를 들면, 포식자 어류는 먹이를 사냥할 때 빨리 헤엄칠 수 있게 해주는 유선형의 몸으로 종종 진화된다.

어룡
지금은 멸종된, 물속에서 헤엄치고 다니던 파충류. 공룡 시대에 살았으며 몸은 상어와 비슷했다.

유전자
생물이 자라는 데 필요한 화학적 지시사항.

이행 화석
화석 기록에서 다른 두 종과 연관되어 있음을 보여주는 특성을 가진 화석.

익룡
날아다니던 파충류로, 지금은 멸종되었으며 공룡 시대에 살았다.

자손
다른 생물의 생식으로 생겨난 생물. 씨앗, 새끼, 아이.

자연선택
이 과정을 통해 유리한 유전자가 미래 세대에 전해진다. 자연적 우위를 안고 태어난 생물은 자연적으로 불리한 점을 안고 태어난 생물보다 살아남아 생식할 가능성이 높다.

적자생존
자연적 우위를 안고 태어난 생물이 자연적으로 불리한 점을 안고 태어난 생물보다 살아남아 생식할 가능성이 더 높다는 생각.

조상/선조
후대 생물의 기원이 되는 모든 생물. 부모, 조부모, 증조부모 등등.

종

서로 생식이 가능한 생물의 무리. 다른 무리의 생명체와는 생식이 불가능하다.

지질학

지구의 거죽(지각)을 이루는 암석을 과학적으로 연구하는 학문.

진화

무작위 돌연변이와 자연선택의 과정. 이를 통해 생물들이 세대에서 세대로 변화하게 된다.

포식자

먹이로 다른 동물을 사냥하는 동물.

형질

생물의 특징이나 특성. 형질은 생물의 유전적 지시사항에서 나오며, 후손에게 전해질 수 있다.

호미니드

현생 인류, 그리고 네안데르탈인처럼 멸종된 우리의 가장 가까운 친척들.

화석 기록

과학자들이 화석 연구를 통해 지구 위 생명의 역사에 대해 알아낸 모든 것.

화석

암석으로 변해 보존된 옛 생물의 뼈나 기타 부위.

지은이 **대니얼 록스턴(Daniel Loxton)**

비영리단체 스켑틱스 소사이어티에서 과학 교육과 지원을 위해 발행하는 계간지 《스켑틱(Skeptic)》의 어린이 부문 《주니어 스켑틱(Junior Skeptic)》의 편집인이다. 칼 세이건은 이 잡지가 "흥미진진하고 도발적"이라고 했으며, 에드워드 윌슨은 "의심할 바 없이 우수하고, 대담하다"라 했고, 스티븐 제이 굴드는 "이 분야 최고의 잡지"라고 평했다. 이 책은 《주니어 스켑틱》에 실린 이야기에 기초하고 있다.

옮긴이 **김옥진**

서울대학교 식물학과와 한국외국어대학교 통역번역대학원을 졸업하고, 현재 번역가로 활동하고 있다. 옮긴 책으로 『살아 있는 지구』, 『행성 이야기』, 『사이언스 IQ』, 『오늘을 만든 모든 것들』, 『타임라이프 세계사』, 『기사도의 시대』, 『타고난 거짓말쟁이들』, 『샘 로이드 수학 퍼즐』, 『제인 구달, 침팬지와 함께한 50년』 등이 있다.

진화란 무엇인가
우리와 살아 있는 모든 것들은 어떻게 생겨났을까?

1판 1쇄 발행	2018년 9월 20일
1판 2쇄 발행	2019년 12월 1일
글쓴이	대니얼 록스턴
그린이	대니얼 록스턴, 짐 W.W. 스미스
옮긴이	김옥진
펴낸이	조추자
펴낸곳	두레아이들
등록	2002년 4월 26일 제10-2365호
주소	(04207)서울시 마포구 마포대로 14가길 4-11
전화	02)702-2119(영업), 703-8781(편집), 02)715-9420(팩스)
이메일	dourei@chol.com

- 책값은 뒤표지에 적혀 있습니다. 잘못 만들어진 책은 구입하신 곳에서 바꾸어 드립니다.
- 이 도서의 국립중앙도서관 출판예정도서목록(CIP)은 서지정보유통지원시스템 홈페이지(http://seoji.nl.go.kr)와 국가자료공동목록시스템(http://www.nl.go.kr/kolisnet)에서 이용하실 수 있습니다(CIP제어번호: CIP2018026134)

ISBN 978-89-91550-77-3 73470